Bühne frei für das Talent

Katrin Winkler
Sandra Niedermeier
Svenja König

Bühne frei für das Talent

Der Weg vom Talentmanagement
hin zum Talentengagement

Impressum

Bibliografische Information der Deutschen Nationalbibliothek:
Die Deutsche Nationalbibliothek verzeichnet diese Publikation in der Deutschen Nationalbibliografie; detaillierte bibliografische Daten sind im Internet über dnb.dnb.de abrufbar.

© 2023 Katrin Winkler, Sandra Niedermeier & Svenja König.

© Gestaltung: public Werbegesellschaft mbH

Herstellung und Verlag: BoD – Books on Demand, Norderstedt

ISBN: 978-3-75-687990-8

Fotos: PantherMedia

Inhalt

Autorinnen

Prof. Dr. Katrin Winkler

Prof. Dr. Katrin Winkler lehrt an der Hochschule für angewandte Wissenschaften Kempten Personalführung, Personalmanagement, Talentmanagement, Wissens- und Changemanagement. Sie verbindet ihre Forschungs- und Lehrtätigkeit mit zahlreichen Beratungs- und Praxisprojekten im Bereich der Digitalisierung und Führung. Zudem leitet sie das Institut für digitale Transformation in Arbeit, Bildung und Gesellschaft sowie den Arbeitsbereich „Zusammenarbeit und Führung in einer sich verändernden Welt" der Hochschule Kempten.

Prof. Dr. Sandra Niedermeier

Prof. Dr. Sandra Niedermeier lehrt an der Hochschule für angewandte Wissenschaften Kempten. Zu ihren Schwerpunkten gehören die Beratung zur didaktischen Konzeption und Durchführung von Online Lerninhalten sowie Trainertätigkeiten zu Themen der Digitalisierung. Zudem leitet sie den Arbeitsbereich „Digitalisierung in Bildung und Gesellschaft" am Institut für digitale Transformation in Arbeit, Bildung und Gesellschaft der Hochschule Kempten.

Svenja König

Svenja König ist Absolventin des berufsbegleitenden Masterstudiengangs „Wirtschaftspsychologie" der Kempten Business School und Wissenschaftliche Mitarbeiterin am Institut für digitale Transformation in Arbeit, Bildung und Gesellschaft. Eines ihrer Aufgabengebiete umfasst dort die Inhaltliche und didaktische Konzeption von Online-Trainings sowie die Übernahme von Aufgaben im Bereich des Projektmanagements.

Teil 1
Veränderte Zeiten
– veränderter Umgang mit Talenten

Der „War of Talents" hat sich verändert, die Gewinnung, Bindung und Entwicklung von Mitarbeitenden ist heute aufgrund der Digitalisierung Dynamiken unterworfen, die schneller und kurzzeitiger als bisher sind. Arbeitsweisen und Technologien verändern sich laufend, Unternehmen müssen weiterhin wettbewerbsfähig bleiben. Die nächsten Generationen drängen in den Arbeitsmarkt, die Generation der Baby Boomer verlässt ihn hingegen so langsam. Kennzeichnende Merkmale der Volatilität, Unsicherheit, Komplexität und Ambiguität (VUCA) sind nun Teil des heutigen Unternehmensumfeldes und bringen die Notwendigkeit zur Überprüfung und Anpassung bisheriger Strukturen und Prozesse mit sich. Zudem ändern sich Einstellungen und wertebezogene Denkweisen, wie sich in aktuellen Diskussionen um hybride oder remote Arbeitsweisen zeigt. Diese Aspekte sind für eine Auseinandersetzung mit dem Thema Talentmanagement besonders wichtig, da sich dadurch die Rollen und Aufgaben der Menschen in einem Unternehmen ändern und damit auch die benötigten Kompetenzen. Mitarbeiter und Führungskräfte in Unternehmen müssen entsprechend weiterentwickelt werden, um mit den Dynamiken des Arbeitsmarktes und den veränderten Strukturen Schritt halten zu können. Verdeutlicht wird dies in einer Aussage Herzogs (2020b), in der sie die Weiterentwicklung des Personals als eine der „intelligentesten Investitionen", die ein Unternehmen tätigen kann, herausstellt.

Zugleich findet dieser Aspekt in dem nachfolgenden Zitat (HAUFE.TALENT, 2021, S. 3) Ausdruck:

»Organisationen können nur so gut sein wie die Menschen in ihnen.«

Diesem Gedanken folgend stellt sich ein zeitgemäßes und systematisches Talentmanagement nach Erpenbeck und Kollegen (2021) „als ein tief lotendes Werte- und Kompetenzmanagement [dar], erweitert um Zukunftshoffnungen, die aus Persönlichkeitseigenschaften und Potenzialannahmen resultieren" (Erpenbeck, Sauter & Sauter, 2021, S. 292). So muss das Thema Talentmanagement in Unternehmen entsprechend zukunftsfähiger gestaltet werden. Es erfordert mehr denn je kritisch zu hinterfragen, inwieweit die Begrifflichkeit des Talentmanagements als solche noch aktuelle Gültigkeit in einem dynamischen Umfeld der VUCA-Welt und Zeiten maximaler Unsicherheit besitzt.

„Gleichzeitig verändert die Pandemie den Arbeitsalltag: Sie beschleunigt bereits angestoßene Digitalisierungsprozesse und beeinflusst tradierte Handlungs- und Denkmuster. Arbeitsmodelle mit mehr Heimarbeit sind Teil der neuen Normalität." (Kirchherr, Klier, Meyer-Guckel & Winde, 2021, S.3).

Perring (2020) postuliert, dass vor allem die Covid-19-Pandemie eine Entwicklung vorangetrieben hat, in der Talentmanagement zu etwas agilerem, bedeutsamerem, demokratischerem, flexiblerem und ermächtigendem geworden ist.

Er verknüpft dies im Weiteren mit der Aufgabe an Unternehmen, zur Gestaltung eines den Anforderungen der heutigen VUCA-Welt entsprechenden Talent Systems, das traditionelle Talentmanagement bis zu seinem wesentlichen Kern zu überdenken, ebenso wie die „DNA" des Unternehmens: „So, if you are looking for HR and talent systems that fit today's realities, you probably need to be rethinking traditional Talentmanagement to its core and also your organisations DNA." (Perring, 2020).

Eine solche Forderung des grundlegenden Überdenkens des Kern des Talentmanagements, wie sie Perring (2020) stellt, liegt in einem Fokus des klassischen Talentmanagements auf maximaler Prozess-Effizienz begründet. Verknüpft mit einem wichtigen Augenmerk auf der Skalierbarkeit, Standardisierbarkeit und konsistenten Implementierung von Prozessen, hindert dies Unternehmen daran, unplanbaren Dynamiken der VUCA-Welt agil zu folgen. (HAUFE.TALENT, 2021)

Dies passt auch zur bereits länger bestehenden Forderung, dass sich Talentmanagement nicht nur um elitäre „High-Potentials" bemühen sollte (Silzer & Church, 2010), sondern eine ganzheitlichere Perspektive erfordert. In der Praxis ist dies bereits auch etabliert, nichtsdestotrotz stellt die VUCA-Welt Unternehmen zunehmend vor Herausforderungen. So zeigt sich laut des Stifterverbands und der Unternehmensberatung McKinsey & Company, dass Unternehmen die Aus- und Weiterbildung von Mitarbeitern neu denken müssen (Klier, Kirchherr, Suessenbach & Winde, 2021). Insbesondere Fachkräfte im MINT-Bereich fehlen nicht nur, sie müssen dauerhaft in Unternehmen gehalten werden. „Bereits 2018 prognostizierten der Stifterverband und McKinsey & Company einen Bedarf von etwa 700.000 Personen mit technologischen Kompetenzen bis zum Jahr 2023 (ebenda S.3)." Zudem werden Soft Skill Themen immer wichtiger, wie Problemlösefähigkeiten oder Eigenverantwortung, um die Zukunft zu gestalten. Anstelle einer Konzentration auf die Identifikation und Entwicklung von Talenten durch starre und einengende Prozesse, gilt heute umso mehr, ein in den Mitarbeitenden selbst liegendes Potenzial zur eigenen Entwicklung freizusetzen (HAUFE.TALENT, 2021).

Dieser Gedanke bildet die Grundlage, auf der sich dieses Buch spezifischer mit dem Talentengagement auseinandersetzt. Im Vordergrund steht dabei die Eigenverantwortlichkeit der Mitarbeitenden.

Die Vertiefung ist besonders wichtig, da die Bedeutung für eine Auseinandersetzung mit neuen Ansätzen im Talentmanagement abgenommen hat. Darauf weisen Ergebnisse der BPM-Berufsfeldstudie „People & Organization 2020" hin, die zeigen, dass die Themen Talentmanagement und Personalentwicklung im Zuge der Covid-19-Pandemie deutlich an Priorität verloren haben. Während sie zuvor in einer entspre-chenden Befragung im Jahr 2017 auf dem zweiten Rang eingeordnet wurden, nahmen sie im Jahr 2020 nur noch den achten Rang auf der Prioritätenliste ein (Herrmann, Baier, Ritter & Sadowski, 2020).

Die nachfolgende Abbildung der Veränderung der Prioritäten in der Arbeitswelt dient der Verdeutlichung einer solchen neuen Prioritätensetzung:

Auswirkungen der Corona-Krise
Veränderte Prioritäten auf einen Blick

vor Corona	seit Corona		
1. Recruiting	1. Arbeitsorganisation / New Work	+9	▲
2. Talent Management & Personalentwicklung	2. Digitalisierung von HR-Prozessen & HR-Analytics	+1	▶
3. Digitalisierung von HR-Prozessen & HR-Analytics	3. Change Mangement / Organisationsentwicklung	+1	▶
4. Change Mangement / Organisationsentwicklung	4. Interne Kommunikation	+5	▲
5. Employer Branding	5. Stellenabbau / Outsourcing	+7	▲ !
6. Weiterentwicklung der Unternehmenskultur	6. Gesundheitsmanagement	+5	▲
7. Learning & Education	7. Weiterentwicklung der Unternehmenskultur	-1	▶
8. Performance Management	8. Talent Management & Personalentwicklung	-6	▼ !
9. Interne Kommunikation	9. Learning & Education	-2	▶
10. Arbeitsorganisation / New Work	10. Performance Management	-2	▶
11. Gesundheitsmanagement	11. Recruiting	-10	▼ !
12. Stellenabbau / Outsourcing	12. Organisationsdesign	+1	▶
13. Organisationsdesign	13. Employer Branding	-8	▼ !
14. Retention Management	14. Retention Management	+/-0	▶

Abbildung 1: Veränderte Prioritäten im Zuge der Covid-19-Pandemie, eigene Darstellung in Anlehnung an Herrmann et al., 2020, S. 7

Die Grafik unterstreicht die Bedeutung der nachfolgenden Ausführungen zum Talentmanagement. Dies liegt nicht zuletzt auch in der zunehmenden virtuellen Zusammenarbeit begründet, die eine räumlich unabhängige Einbindung von Talenten und die Erhöhung der geographischen Reichweite für die Akquirierung von Top-Ta-lenten ermöglicht (Berger, Weber & Buser, 2021). So wird zunehmend die internationale Gewinnung und Entwicklung von Talenten bedeutsam.

Der Gallup Engagement Index 2020 zeigt auf, mit welchen Herausforderungen Unternehmen in der langfristigen Bindung Mitarbeitender konfrontiert sind. So steht dort einem Anteil von 17% der Befragten mit einer hohen emotionalen Bindung zu ihrem Unternehmen ein Anteil von 68% gegenüber, der sich nur wenig an sein Unternehmen gebunden fühlt, sowie ein verbleibender von 15%, der keinerlei Zugehörigkeit empfindet. Die Ergebnisse der Studie offenbaren zugleich eine erhöhte Wechselbereitschaft und sinkende Loyalität der Mitarbeitenden. Während in einer entsprechenden Studie im Jahr 2019 noch 73% der Befragten angaben, auch noch in einem Jahr bei ihrem aktuellen Arbeitgeber beschäftigt sein zu wollen, sank dieser Anteil in der Befragung im Jahr 2020 auf 61%. (Wolter, 2021)

Solche Rahmenbedingungen kennzeichnen die Notwendigkeit dessen, sich im Kontext der positiven Wirkungen des Engagements auf die Bindung von Mitarbeitenden bewusst auf dieses zu fokussieren. Ein umso stärkerer Bedarf ergibt sich dafür hinsichtlich des exponentiellen Anstieges der Nachfrage nach Kandidaten im Jahr 2021 und des zunehmenden Fachkräftemangels (Hartenfels, 2022). Das nachfolgende Zitat Hartenfels' (2022) verdeutlicht diese Dringlichkeit zusätzlich: „[...] die Jagd nach den besten Talenten läuft auf Hochtouren. Dieser Trend wird sich weiter fortsetzen. Wir erwarten weiterhin einen bestehenden Mangel an digitalen Talenten in allen Fachbereichen.". Einhergehend damit ist es unabdingbar einen besseren Return On Investment (ROI) des Talentmanagements zu erzielen. Dies ist möglich durch den Übergang des Talentmanagements zum Talentengagement. Der Begriff ist ein Anglizismus, der sich aus zwei verschiedenen Teilen zusammensetzt: „Talent" und „Engagement", was auf Deutsch „Beteiligung" bedeuten würde. Führt man diesen Gedanken weiter, würde es hierbei also um die „Beteiligung der Talente" gehen – also darum, die Mitarbeitenden in einer aktiven Rolle in die Gestaltung der Unternehmensentwicklung zu involvieren. So führt ein hohes Level an Talentengagement zu einer stärkeren Bindung der Talente und vermindert auf diese Weise Kosten des Unternehmens für ein teures Recruiting (Fastenroth, Hübbe, Quante, Rohmer & Weber, 2020).

Hier gilt es zu fragen, ob das Verständnis und die bisherige Auffassung von Talentmanagement noch zeitgemäß ist oder ein Umdenken stattfinden muss. Darüber gibt der folgende Abschnitt Aufschluss.

Teil 2
Wege zu einem agilen Talentmanagement

Die heutige Unternehmensumwelt ist in stetigem Wandel begriffen, der Anforderungen an die Entwicklung neuer Kompetenzen mit sich bringt, während zugleich neue Generationen auf den Arbeitsmarkt strömen. Dies führt dazu, dass sich Unternehmen nicht zuletzt auch bezogen auf das Talentmanagement mit vollkommen veränderten Rahmenbedingungen konfrontiert sehen. Der Begriff „Talentmanagement" steht hierbei in seiner grundlegenden Bedeutung für „strategieorientierte und abgestimmte personalpolitische Maßnahmen, die der Gewinnung, Entwicklung, Bindung und dem Einsatz von Talenten dienen" (Vollrath, 2018, S. 171). Doch ist dies noch die Bedeutung von Talentmanagement? Um diese Frage zu beantworten, muss man sich zunächst mit dessen Merkmalen und Aufgaben beschäftigen.

Der folgende Abschnitt dient vor diesem Hintergrund dazu, sich ausgehend von einer genaueren Bestimmung des Talent Begriffs und der Merkmale eines klassischen Talentmanagements mit der Notwendigkeit der Gestaltung mitarbeiterfokussierter Konzepte des Talentmanagements in Unternehmen auseinanderzusetzen. Zudem soll der Begriff des Talentengagements eingeführt und genauer betrachtet werden. Die folgenden begrifflichen und strukturellen Überlegungen zum Talentmanagement bzw. Talentengagement sollen helfen, den Anforderungen einer volatilen, agileren und komplexer werdenden Unternehmensumwelt zu entsprechen.

Zunächst werden vier Dimensionen erläutert, anhand derer Merkmale klassischer Talentmanagement Ansätze dem Ansatz des Talentengagements gegenübergesellt werden können. Dadurch wird der Blick zugleich auf einen Bedarf zur Anpassung des Begriffs Talentmanagement als solchem gerichtet, wie er in den vorherigen Ausführungen bereits kurz angedeutet wurde. Anknüpfend daran liegt der Fokus im zweiten Abschnitt des Kapitels darauf, wesentliche Elemente einer bedeutsamen Neuausrichtung detailliert an Hehns Rahmenkonzept zum Talentmanagement (2016) zu betrachten und damit ebenso wichtige Ansatzpunkte für eine zukunftsfähige Gestaltung dessen tragender Säulen im Sinne eines Talentengagements zu schaffen.

Kapitel 2.1
Begriffsdefinitionen: Talent, Talentmanagement und Talentengagement

Fachkräftemangel, demographischer Wandel und die Corona-Krise stellen Unternehmen vor anhaltende Herausforderungen. Es gilt, geeignete Talente nicht nur zu finden, sondern auch zu fördern und zu binden, also Talente ganzheitlich zu betrachten. Dazu wird sich dem Talentmanagement bedient. Der Hauptzweck des Talentmanagements besteht darin, eine motivierte Belegschaft zu schaffen, die ihrem Unternehmen auf lange Sicht erhalten bleibt. Der genaue Weg dorthin ist von Unternehmen zu Unternehmen unterschiedlich, die Ansätze dafür sind zahlreich. Im Folgenden wird nun zunächst versucht, den Begriff Talent und das klassische Talentmanagement genauer zu fassen.

2.1.1 Der Begriff „Talent"

Der Begriff „Talent" ist nicht eindeutig, er führt gerne auch zu Missverständnissen, da jeder eine andere Vorstellung von einem Talent hat. Zudem wird Talent in Verbindung mit anderen Bezeichnungen gebracht, wie z.B. High Potential, Führungsnachwuchskräfte, Hochbegabte, Hochleistungsträger, Top-Performer, A-Player, wobei bei High Potentials und Führungsnachwuchskräften Personen jüngeren Alters gemeint sind (Ritz & Sinelli, 2018). Eine solche begriffliche Vorstellung ist jedoch sehr einseitig und rein auf überspitzte positive Eigenschaften ausgerichtet. Der Begriff Talent ist nach Ritz und Sinelli (2018) so stark positiv besetzt, sodass seine Popularität teilweise dazu führt, dass alle Aktivitäten des Human-Resources-Management oder der Personalentwicklung durch Talentmanagement ersetzt werden (Williams & Reilly, 2000).

Ein Talent ist mehr. Talente sind ganz generell Personen, deren Fähigkeiten und Begabungen bzw. deren Wissen in Unternehmen kurz-, mittel- und langfristig nützlich ist, um Aufgaben und Tätigkeiten erfolgreich auszufüllen und strategisch zu erweitern. Folgt man der Argumentation der Personalwirtschaft (2022) ist es auch wichtig, den Begriff Talent unter zwei Perspektiven zu betrachten:

»Das Wort Talent kann verschiedene, miteinander verwandte Bedeutungen haben: Zum einen kann damit eine Person gemeint sein, die erkennbare Fähigkeiten und Potenziale in sich trägt, diese aber noch nicht durchgängig in überdurchschnittliche Leistungen transformieren kann und entsprechender Förderung bedarf. Der Begriff kann aber auch die Begabung einer Person bezeichnen. Jemand kann also ein Talent sein, aber auch ein Talent haben.«

(Personalwirtschaft, 2022)

Talent hat also mehrere Facetten. Hat ein Unternehmen jedoch definiert, welche Personen als Talente gelten und dadurch eine Identifikation ermöglicht, stellt sich die Frage nach dem Umgang mit ihnen, sprich dem Management von Talenten (Ritz & Sinelli, 2018). Der Begriff Talent, in Hinblick auf das Talentengagement, wird in Kapitel 3 beleuchtet. Im Folgenden soll der Talent Begriff noch offen behandelt werden, ohne bestimmten Fokus. Dies ermöglicht die nun folgenden Überlegungen zum klassischen Talentmanagement und zum Talentengagement auch aus verschiedenen Perspektiven zu beleuchten.

2.1.2 Ansatz des klassischen Talentmanagements

Der Ansatz des klassischen Talentmanagements kann beschrieben werden durch zugrundeliegende Prozesse innerhalb der Unternehmen. Klassische Ansätze des Talentmanagements sind dadurch gekennzeichnet, dass sie dem Anspruch maximaler Prozess-Effizienz folgen und die Skalierbarkeit, Standardisierbarkeit und konsistente Implementierung dieser Prozesse fokussieren (HAUFE.TALENT, 2021). Sie sind sehr stark davon geprägt, den Menschen in eine bestimmte Richtung bewegen zu wollen. Dies wird durch den Begriff „Management" reflektiert, welcher mit Aspekten der Kontrolle und Führung verknüpft ist (ebenda).

In einer solchen Ausrichtung des Talentmanagements fungieren HR und Prozesse als wesentliche Treiber der Talententwicklung (Perring, 2020), wie die nachfolgende Darstellung zeigt. Das Bild des Treibers führt gleichermaßen zu einem passiven Bild von Mitarbeitenden.

So lässt sich eine Verbindung zum Menschenbild von Führungskräften wahrnehmen, wie es McGregor in seiner X-Theorie als eine von zwei grundlegenden Ausprägungen beschreibt. Es ist durch die Annahme bestimmt, dass Menschen von Natur aus faul sind und kaum Eigenantrieb zur Arbeit mitbringen. Ein solches Menschenbild ist von der Vorstellung geprägt, Belohnung und Bestrafung von außen seien die wirkungsvollsten Instrumente zur Motivation. Damit eng verbunden ist die Hypothese einer Notwendigkeit zum direktiven Management, da

Menschen keine Autonomie anstreben und keine Verantwortung tragen möchten. Entsprechend sind Misstrauen, Betonung von Individualismus und emotionale Distanz häufige Kennzeichen der inne-

ren Haltung dieser Führungskräfte. (Becker, 2015). Selbstverständlich ist dies nicht immer so und sollte relativierend betrachtet werden.

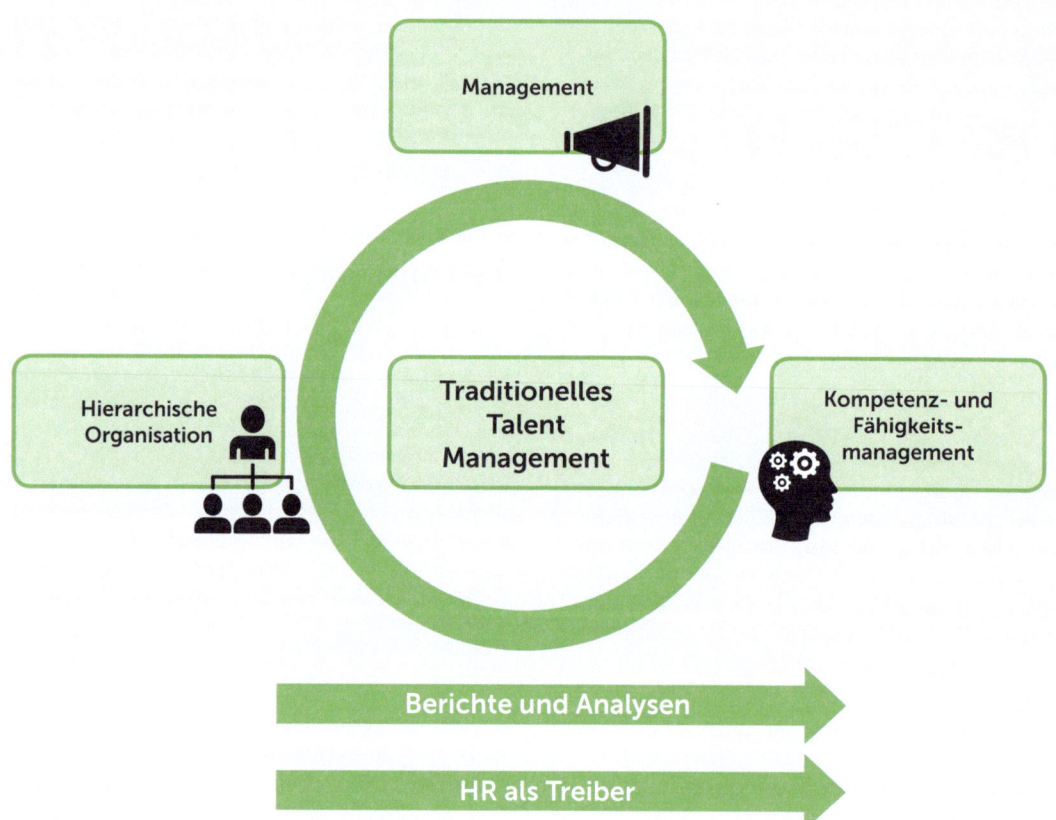

Abbildung 2: Treiber in einem traditionellen Verständnis des Talentmanagements, eigene Darstellung in Anlehnung an Perring, 2020

Als Ziel des klassischen Talentmanagements kann die Gewährleistung eines Unternehmenserfolgs betrachtet werden, der auf die passende Besetzung wesentlicher Schlüsselfunktionen durch die Anwendung externer Strategien, Methoden und Maßnahmen gestützt ist (Piéch, 2020).
Die Ziele des Talentmanagements sind eng verbunden mit den Herausforderungen in Unternehmen und den Entwicklungen in der VUCA-Welt. Kurz zusammengefasst soll das Talentmanagement folgende Ziele erreichen:

- Dem Fachkräftemangel entgegenwirken und Fach-/Führungskräfte langfristig binden und fördern.
- Wettbewerbsfähigkeit und Produktivität in Unternehmen wahren und steigern.
- Strategische Gefahren durch demografischen Wandel abwenden.
- Vakanzen von Engpassstellen/Schlüsselpositionen reduzieren.
- Fluktuation stabilisieren und Nachfolge sichern.

- Unternehmen als attraktiven Arbeitgeber etablieren (Employer Branding).
- Talentpool bilden und pflegen.

Dies Liste lässt sich sicherlich fortführen. Insbesondere ist sie den aktuellen Veränderungen unterworfen. Die Veränderungen der aktuellen Arbeitswelt sind nachhaltig und lassen sich nicht mehr zurücknehmen. Mitarbeiter haben sich an Homeoffice, die Zusammenarbeit in hybriden Teams und virtuelle Arbeitsumgebungen gewöhnt, ebenso wie daran, dass sie nicht mehr an den geografischen Standort ihres Arbeitgebers gebunden sind. Notwendigen Anpassungen kann sich deshalb auch das Talentmanagement nicht verschließen: Weniger persönliche Kontakte, mehr Online-Kommunikation und mehr Flexibilität sind gefragt.
Ein Talentmanagement-Modell dient hingegen oft als – möglicherweise starres – Rahmenwerk, mit dem Unternehmen ihr Talentmanagement forcieren und verbessern können.
Zu den Modellen des klassischen Talentmanagements zählen unter anderem:

- Human Capital Management (Scholz, Stein & Bechtel, 2011)
- Acht-Etappen-Konzept der Personalentwicklung (Meifert, 2013)
- Rahmenkonzept zum Talentmanagement von Hehn (2016) als integrierter Talentmanagement Ansatz

Ob diese Vorstellungen des klassischen Talentmanagements als Rahmenwerk noch zeitgemäß sind in Zeiten von VUCA, Pandemien und technologischem Fortschritt kann an dieser Stelle nicht abschließend geklärt werden. Im Folgenden sollen nun jedoch Überlegungen zum Begriff des Talentengagements folgen, der zu diesen Entwicklungen möglicherweise passender ist. Dafür wird in Kapitel 2.2 das Rahmenkonzept zum Talentmanagement von Hehn (2016) als spezifisches Beispiel herangezogen, um an diesem als integrativer Ansatz bedeutsame Entwicklungsschritte auf dem Weg zum Talentengagement aufzuschlüsseln.

2.1.3 Der Ansatz des Talentengagements

Die genannten Herausforderungen der heutigen volatilen Unternehmenswelt erfordern es, klassische Ansätze des Talentmanagements zu überdenken. Viele der klassischen Talent-Management-Praktiken sind durch ihre Entwicklung in der Zeit der Industrieproduktion nur noch bedingt für wissensbasierte Unternehmen sowie eine sich unter dem Einfluss der Digitalisierung schnell ändernde Wirtschaft geeignet, in welcher der Erfolg des Unternehmens im Wesentlichen durch die Performance der Mitarbeitenden bestimmt wird (Gartside, Sloman, Simmons & M. Cantrell, 2013).

Ebenso wurde bereits auf einen exponentiellen Anstieg der Nachfrage nach Talenten hingewiesen, in deren Kontext die Bindung von Talenten durch einen Fokus auf deren aktive Einbindung und Befähigung eine wesentliche Bedeutung erfährt. Zugleich ist es nach Kels, Clerc und Artho (2015) bedeutsam, mit einem entsprechenden Entwicklungsprozess auf Anforderungen zu reagieren, wie sie in der Eröffnung von „Entwicklungs- und Sinnpotenzialen" sowie von Möglichkeiten der Mitarbeitenden zur Reflexion über ihre Karrierevorstellungen und Mitgestaltung ihrer Karrierepfade bestehen.
Davon ausgehend wollen wir den Ansatz des Talentengagements genauer betrachten.

Dieses ist dadurch gekennzeichnet, dass es gegenüber einer Konzentration auf maximale Prozesseffizienz den Fokus auf den Mitarbeitenden richtet und den Menschen ins Zentrum stellt. So ergibt sich daraus ein bedeutsamer Unterschied in der grundlegenden Ausrichtung dahingehend, dass es im Talentengagement nicht darum geht, den Mitarbeitenden in eine bestimmte Richtung zu lenken, sondern diesen vielmehr in seiner wahrgenommenen Selbstwirksamkeit zu fördern und zu befähigen, sodass er selbstverantwortlich die Kontrolle über seine eigene Entwicklung übernehmen kann (HAUFE. TALENT, 2021).

Im Verständnis des Talentengagements stellen Mensch und Organisation hierbei die zentralen Treiber der Talententwicklung dar (Perring, 2020). Zur Verdeutlichung dessen dient die nachfolgende

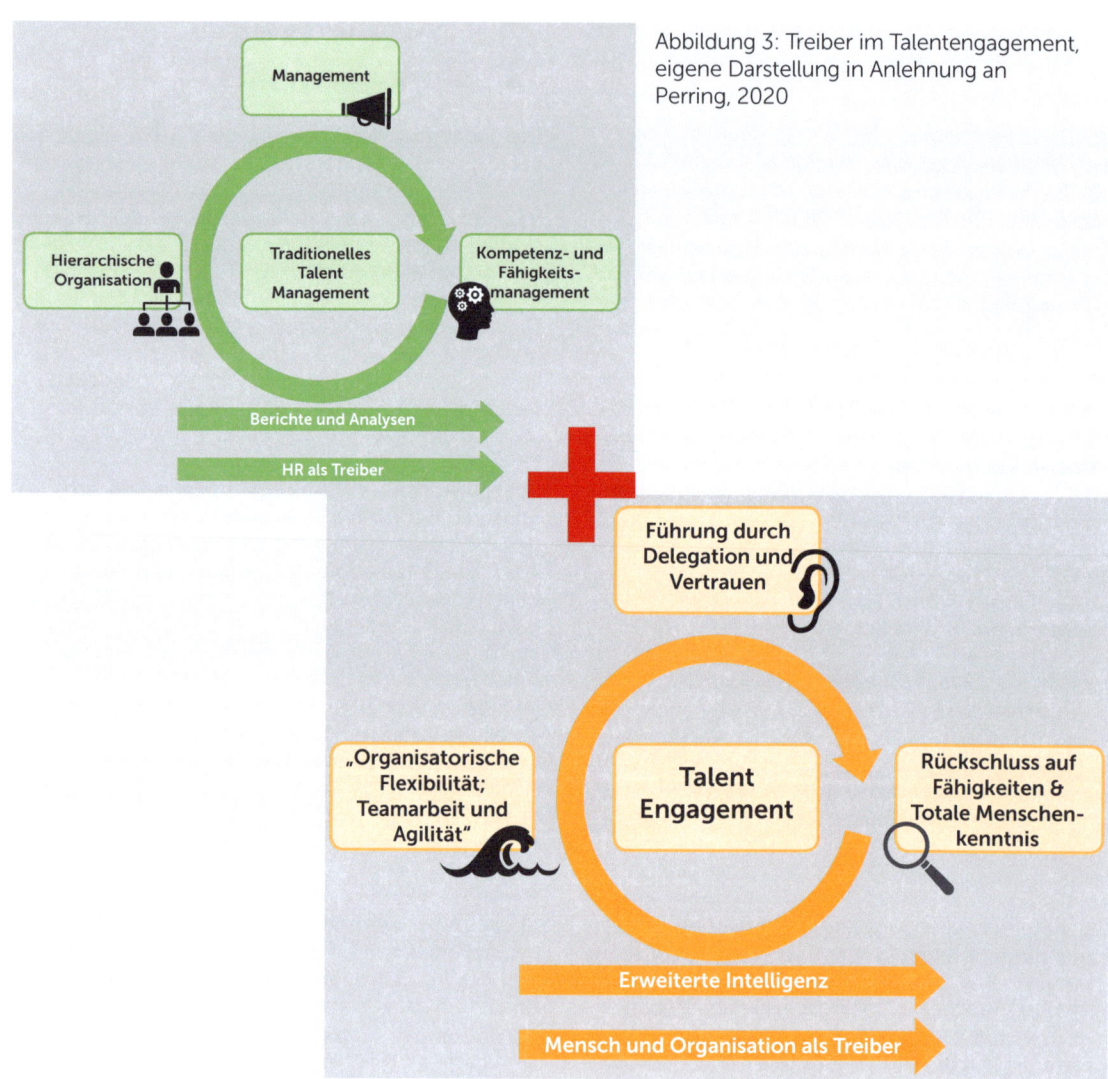

Abbildung 3: Treiber im Talentengagement, eigene Darstellung in Anlehnung an Perring, 2020

Abbildung, in welcher zur Darstellung der wesentlichen Treiber im Talentengagement Rückbezug auf die zuvor betrachteten Treiber im Verständnis eines traditionellen Talent-Management-Ansatzes (vgl. Kapitel 2.1.2) Bezug genommen wird.

Der Ansatz des Talentengagements erfordert von Führungskräften ein anderes Menschenbild. Es muss von der Annahme geprägt sein, dass Arbeit an sich zur Motivation und Begeisterung von Menschen führen kann. Darüber hinaus gehen diese Führungs-kräfte davon aus, dass Menschen zur Identifikation mit Zielen und der selbständigen Verfolgung dieser Ziele in der Lage sind. Nicht zuletzt besteht die grundlegende Annahme, dass Menschen von der Suche nach Herausforderungen geprägt sind und eine Fähigkeit zur Weiterentwicklung und Verant-wortungsübernahme mitbringen. So sind Merkmale der inneren Haltung dieser Führungskräfte tendenzi-ell von Vertrauen, Betonung von Teamgeist, Respekt und emotionaler Anteilnahme gekennzeichnet. (Becker, 2015)

Verknüpft mit einem solchen Menschenbild und einer von Respekt und Vertrauen geprägten inneren Haltung der Führungskraft gegenüber ihren Mitarbeitenden, liegt das Ziel des Talentengagements darin, diese zu befähigen, ihr volles Potenzial in den Dienst des Unternehmens zu stellen. Mitarbeitende sollen in Zeiten höchster Unsicherheit und unplanbarer Marktdynamiken in die Lage versetzt werden, schnell die richtigen Entscheidungen zu treffen. Hierbei bedarf es eines Verständnisses darüber, dass eine erfolgreiche Selbstentwicklung des Mitarbeitenden jedoch nur mit der Bereitstellung geeigneter Rahmenbedingungen einhergehen kann. So gilt es als Organisation mit der Gestaltung individueller Entwicklungsmöglichkeiten außerhalb starrer Karrierepfade und der Etablierung einer lernenden Organisation mit kontextuellen Lernerfahrungen on the job für wesentliche Eckpfeiler Sorge zu tragen. Damit unterstützt es in gleicher Weise das Ziel, einen Weg für die Weiterentwicklung zu ebnen, der es sowohl für die Mitarbeitenden als auch das Unternehmen ermöglicht, das Beste für sich zu erreichen. (HAUFE. TALENT, 2021)

Diese Überlegungen zum Begriff des Talentengagements spielen im Folgenden noch eine Rolle. Zunächst wird die bisherige Ausgestaltung von Talentmanagement Systemen als strategisches Mittel zur Nutzung von Potenzialen im Unternehmen betrachtet. Betont wird dabei die Ausgestaltung eines Talentmanagements unter der Perspektive eines mitarbeiterzentrierten Ansatzes, wie ihn auch das Talentengagement beschreibt. Dies soll den ersten Schritt bilden, um sich der klassischen Vorstellung des Talentmanagements zu entziehen, hin zu mehr Talentengagement.

Kapitel 2.2
Auf dem Weg zu einem Rahmenkonzept des Talentengagements

Im Kontext des Talentmanagements stellt ein an den spezifischen Bedürfnissen und Anforderungen des jeweiligen Unternehmens ausgerichtetes Talentmanagement System ein wichtiges Instrument zur Unterstützung der zentralen Prozesse im Talentmanagement dar. Ausgehend vom Begriffsverständnis des Talentmanagements und mit einem ersten Fokus auf die Befähigung der Mitarbeitenden anstelle von deren Bevormundung und Kontrolle soll dafür am Rahmenkonzept zum Talentmanagement von Hehn (2016) folgend genauer betrachtet werden, welche Notwendigkeit dies zugleich für eine Neuausrichtung in dessen einzelnen Bausteinen mit sich bringt.

Das Rahmenkonzept zum Talentmanagement von Hehn (2016) wird von den drei Säulen Strategie, Kultur und Personalpraktiken getragen, die dazu dienen, eine Ausrichtung des Talentmanagement Systems auf die optimale strategiekonforme Nutzung des Potenzials für gegenwärtige und zukünftige Herausforderungen sicherzustellen (Hehn, 2016).

- Eine Strategie leistet einen wichtigen Beitrag dafür, um die Personalaktivitäten konsequent an den geschäftlichen Herausforderungen zu orientieren und die HR-Prozesse miteinander zu verzahnen.
- Mit Kultur, insbesondere der Lern- und Führungskultur, wird die wesentliche Grundlage für die Durchführung der Prozesse und Nutzung der Instrumente gebildet.
- Die Personalpraktiken oder auch HR-Praktiken – als dritte Säule – dienen schließlich unter anderem dazu, die Mitarbeitenden entsprechend ihrer Talente im Unternehmen positionieren zu können und eine stärkere interne Rekrutierung zu unterstützen.

Dabei bilden Rechtliche Regelungen, regionale Faktoren, gesellschaftliche Faktoren sowie auch die Marktlage den dazugehörigen Rahmen für das Talentmanagement, welches in seinem Ziel auf die Unterstützung des Geschäftserfolgs ausgerichtet ist (ebenda).

Die folgende Abbildung liefert einen Überblick über

Hehns Rahmenkonzept zum Talentmanagement (2016). Sie bildet den Ausgangspunkt dafür, um die einzelnen Säulen des Konzepts und wesentliche Entwicklungsprozesse nach der vorangehenden kurzen Beschreibung nun detaillierter in den Blick zu nehmen.

Die Abbildung zeigt im Wesentlichen die drei genannten Bausteine Strategie, Kultur und HR-Praktiken. Im Folgenden betrachten wir, wie diese Bausteine sich jeweils unter dem Einfluss der aktuellen Herausforderungen in ihrer Ausrichtung in einem Entwicklungsprozess hin zum Talentengagement verlagern.

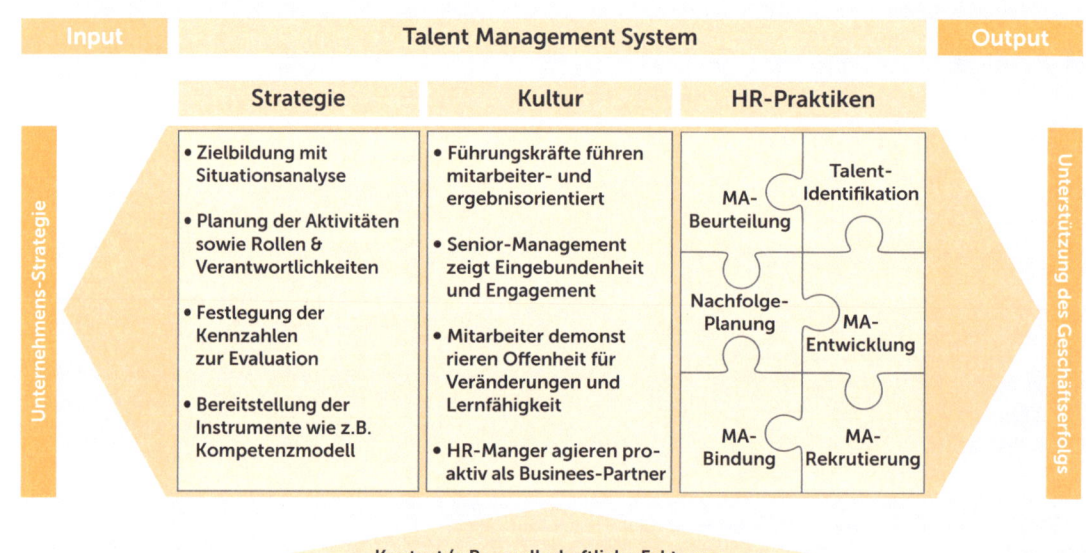

Abbildung 4: Rahmenkonzept zum Talentmanagement, Quelle: Hehn, 2016, S. 4

2.2.1 Zur Strategie

In Hehns Rahmenkonzept zum Talentmanagement (2016, S. 23) stellt die Talentmanagement System (TMS)-Strategie – als integraler Bestandteil der Unternehmensstrategie – „das Entscheidungs- und Maßnahmenbündel [dar], welches der Unterstützung des langfristigen Unternehmenserfolgs dient.". Mit ihr wird die Richtung vorgegeben. Sie beinhaltet dafür wesentliche Elemente in der

1. Zielbildung mit Situationsanalyse,
2. Planung der Aktivitäten mit Terminierung sowie Klärung der Rollen und Verantwortlichkeiten,
3. Festlegung der Erfolgskriterien und Indikatoren, um die Aktivitäten zu bewerten,
4. Bereitstellung der grundlegenden Instrumente und Verfahren.

Ausgehend davon soll mit den nachfolgenden Ausführungen der Bezug zum Verständnis der Bedeutung von Strategie in einer auf das Talentengagement gerichteten Perspektive hergestellt werden.

Vollrath (2018) betont im Hinblick auf die strategische Orientierung die Notwendigkeit, ein zeitgemäßes sowie zukunftsorientiertes Talentmanagementsystem nicht nur auf die Gewinnung und Bindung der richtigen Mitarbeitenden auszurichten, sondern ebenso als bedeutsames Instrument für die Entwicklung zukünftiger Führungskräfte wahrzunehmen.

Dies steht in Einklang mit einer hohen Bedeutsamkeit, wie sie im Ansatz des Talentengagements dafür betrachtet wird, den Menschen als bestimmenden Faktor unternehmerischen Erfolgs ins Zentrum der strategischen Ausrichtung des Talentmanagements zu stellen. Menschen füllen die Strategie mit Leben und werden darin durch einen Fokus auf das Talentengagement unterstützt. (HAUFE. TALENT, 2021)

So bedingt es eine wichtige ergänzende Funktion, die der Strategie in einem mitarbeiterzentrierten Ansatz, wie ihn das Talentengagement beschreibt, als Orientierungsrahmen für die eigenverantwortliche Entwicklung des Mitarbeitenden zukommt. Informationen, die dem Mitarbeitenden verknüpft mit der Strategiebestimmung über zukünftige Aufgabenanforderungen und Joboptionen vermittelt werden, sind für diesen wesentlich, um in Selbstverantwortung Entwicklungsaktivitäten sinnvoll und effektiv zu gestalten (Dachner, Ellingson, Noe & Saxton, 2019).

Die Strategie kann im Ansatz des Talentengagements zugleich als bestimmend betrachtet werden, um als wichtige Voraussetzung für Kompetenzentwicklung und Wachstum die Synthese organisationaler und individueller Merkmale und Investitionen zu unterstützen (ebenda). Damit gilt es nicht zuletzt, die Grundlage für eine Weiterentwicklung zu schaffen, die es sowohl für die Mitarbeitenden als auch das Unternehmen ermöglicht, das Beste für sich zu erreichen (HAUFE. TALENT, 2021).

Dafür kann im Zuge der Herausforderungen, die weitreichende technologische, demographische und gesellschaftliche Veränderungen mit sich bringen, ein wichtiger Baustein auf übergeordneter Ebene der Unternehmensstrategie darin betrachtet werden, die Entwicklung einer Digitalstrategie mit dem wesentlichem Bestandteil einer Personalstrategie für das digitale Zeitalter voranzutreiben. Dies findet Ausdruck im nachfolgenden Zitat:

»Whatever technological innovations are ahead, it's the people that will make the difference between eventual success and failure. That's why CEOs need a people strategy for the digital age« (PwC, 2015, S. 1).

Eine zweite bestimmende Säule bildet Kultur als Nährboden für die Umsetzung der Strategie mithilfe der Personal-Praktiken.

2.2.2 Zur Kultur

Merkmale eines entsprechenden kulturellen Umfeldes, wie sie Hehns Rahmenkonzept zum Talentmanagement (2016) zugrunde legt, sind zunächst von dem Selbstverständnis einer Führungskraft geprägt, in welchem diese die Personalentwicklung als eine ihrer wesentlichen Aufgaben begreift. Überdies wird eine Bedeutung, die dem Talentmanagement für die Erreichung der Geschäftsziele beigemessen wird, an einer Einbindung des Senior-Managements in die personalrelevanten Prozesse sowie einer Rolle von HR als Business-Partner sichtbar. Mit einer entsprechenden Unterstützung, die das Talentmanagement vonseiten des Top-Managements erfährt, ermöglicht es dabei, dass neu eingeführte Prozesse von der Belegschaft leichter akzeptiert werden. Als wesentliche Voraussetzung einer Umsetzungsmöglichkeit der HR-Praktiken wird in Hehns Modell (2016) zudem ein kulturelles Umfeld betrachtet, welches von einer wertschätzenden Haltung gegenüber den Mitarbeitenden als wichtigste Ressource bestimmt ist. Nicht zuletzt bildet eine Offenheit der Mitglieder dafür, Neues zu lernen, Wissen zu teilen und sich weiterzuentwickeln ein wesentliches Merkmal eines entsprechenden kulturellen Rahmens ab, der Menschen dazu motiviert, ihre Talente einzubringen und sich gegenseitig zu unterstützen. (ebenda)

Im Ansatz des Talentengagements bleibt eine zentrale Rolle der Führungskraft in der aktiven Förderung von Potenzialträgern umso mehr bedeutsam. Das Verhalten der Führungskraft besitzt einen wesentlichen Einfluss auf das Engagement der Talente und ermöglicht es dieser, im Umgang mit Talenten für einen positiven Unterschied zu sorgen, indem sie Freiräume für Talente gestaltet und zugleich Orientierung bietet und die Entwicklung der Talente aktiv mit Feedback begleitet. Dies unterstreichen die Ergebnisse der Kienbaum-Talentmanagement-Studie 2020, in der 92% der Befragten den Wunsch nach Unterstützung in ihrer beruflichen Entwicklung durch ihre Führungskraft äußern. So wird einhergehend damit die Verankerung talentorientierter Führung – bestimmt durch ausreichend Zeit und Wichtigkeit, die der Entwicklung der einzelnen Personen zugeordnet wird – in der Führungs- und Unternehmenskultur als zentraler Faktor der Fähigkeit von Organisationen, Talente effektiv zu entwickeln, wahrgenommen. (Fastenroth et al., 2020)

Dies legt im Weiteren eine Kultur zugrunde, welche von einem Verständnis der Personalentwicklung als Gemeinschaftsleistung geprägt ist, bei welcher der Mitarbeitende die Verantwortung für die eigene Entwicklung trägt und als Mitgestaltender des Systems wahrgenommen wird. Dies wird vonseiten der Organisation in einem kulturellen Rahmen ermöglicht, der zugleich von einer Wertschätzung für das Lernen bestimmt ist und in dem es akzeptiert ist, dass sich die Mitarbeitenden selbstorganisiert Wissen erschließen. (Dreilich, 2022)

In einer Kultur des Talentengagements gilt es außerdem ein Bewusstsein dafür widerzuspiegeln, wie sich mit dem Wandel der heutigen Arbeitswelt die Aufgabe des arbeitenden Menschen von der Herstellung von Produkten hin zu einer Rolle als Identitätsträger und Identitätsmanager verändert. In dieser Funktion werden sie für andere Menschen zu Beratern und Begleitern, wobei sie als Produkte nicht länger Autos oder Häuser, sondern stattdessen Anerkennung und Zugehörigkeit herstellen: „[...] Menschen verlieren nahezu alle ihre Jobs in der Herstellung von Produkten. Aber sie gewinnen massenhaft neue Jobs in der Herstellung von Identitäten. " (Jánszky & Gábor, 2018, S. 22).

2.2.3 HR-Praktiken

Neben Strategie und Kultur stellen HR-Praktiken
die dritte Säule dar. Sie bilden wesentliche Prozesse
und Techniken zur Umsetzung der TMS-Strategie ab
(Hehn, 2016).

Dazu gehören:

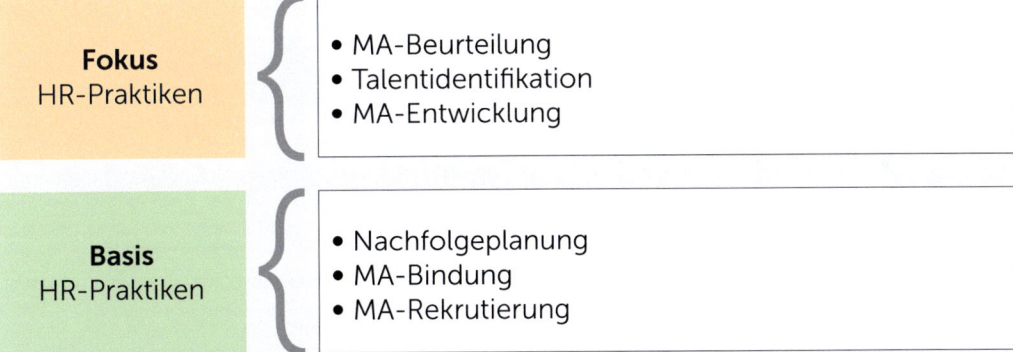

Abbildung 5: Überblick über die HR-Praktiken in Hehns Rahmenkonzept zum Talentmanagement

Im Folgenden zeigen wir – wie bereits zuvor für die Säulen der Strategie und Kultur – für jede der drei Fokus-HR-Praktiken Mitarbeiter-Beurteilung, Talentidentifikation und Mitarbeiter-Entwicklung detailliert auf, wie sich unter dem Einfluss der dargelegten aktuellen Herausforderungen und einer Orientierung auf das Talentengagement Schwerpunktsetzungen und Kernthemen in den jeweiligen HR-Praktiken verlagern und neu bestimmen.

Mitarbeiter-Beurteilung

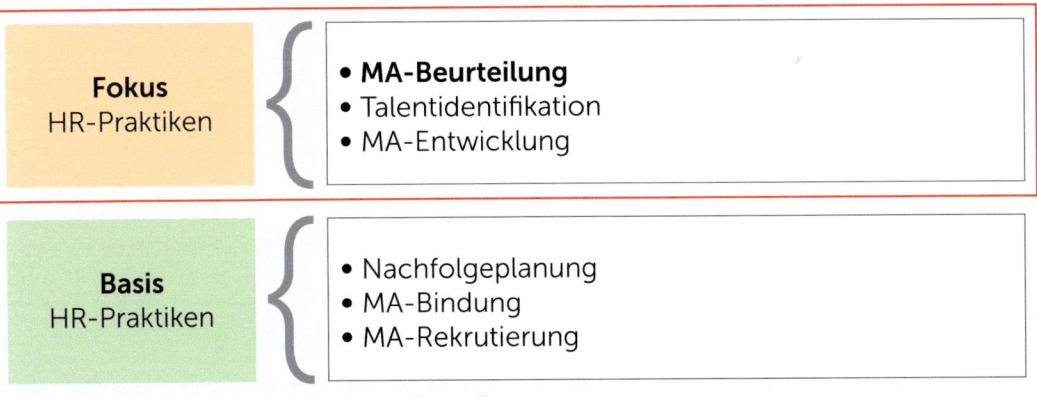

Abbildung 6: HR-Praktik der Mitarbeiter-Beurteilung

Die Personal-Praktik der Mitarbeiterbewertung folgt im Rahmen des Talentmanagement Systems von Hehn (2016) dem Ziel einer fairen Beurteilung von Leistung und Potenzial der Mitarbeitenden, die an SMART definierten Zielsetzungen orientiert ist. Eine solche Beurteilung ist als Feedback für den Mitarbeitenden zur Wahrnehmung seiner aktuellen Leistung und Entwicklungspotenziale bedeutsam, welches im Rahmen der selbstverantwortlichen Entwicklung des Mitarbeitenden im Ansatz des Talentengagements einen umso höheren Stellenwert erfährt.

Vor diesem Hintergrund gilt es, sich kritisch mit der Frage auseinanderzusetzen, inwiefern es tatsächlich möglich ist, mit bisherigen Methoden der Leistungsbeurteilung, wie dem jährlichen Mitarbeitergespräch, der Anforderung an ein solches reichhaltiges Feedback noch angemessen begegnen zu können. Cappelli und Tavis (2016) verweisen auf die Bedeutsamkeit, die für die Erfüllung eines solchen Anspruchs auf der Durchführung häufiger informeller Check-Ins liegt.

In Erinnerung an die eingangs betrachteten Herausforderungen der heutigen Unternehmenswelt, ist eine Notwendigkeit zum Nachdenken über neue Formen der Leistungsbeurteilung gesamtperspektivisch zugleich im Kontext der Anforderungen an eine hohe Unternehmensagilität und Verflachung von Hierarchien zur Anpassung an die Gegebenheiten einer VUCA-Welt zu betrachten.

Mit der Entwicklung neuer Ansätze ist es hierbei bedeutsam, den Fokus anstelle einer Konzentration der jährlichen Überprüfungen auf finanziellen Belohnungen und der Rechenschaftspflicht der Mitarbeiter für das, was sie im vergangenen Jahr getan haben, auf die Verbesserung der aktuellen Leistung und der Förderung von Talenten für die Zukunft zu richten. Ebenso gilt es im Zuge der zunehmenden Verknappung von Talenten mit der Etablierung neuer Ansätze einem wachsenden Anliegen nach der Entwicklung von Menschen zu begegnen. (ebenda)

Agile Management-Tools

Agile Management-Tools gibt es viele, eines davon ist OKR („Objectives" & „Key Results"). So soll nach-

folgend die „OKR-Methode" als ein entsprechender Ansatz vorgestellt werden, welche durch die beiden zentralen Komponenten „Objectives" und „Key Results" gekennzeichnet ist. OKR lassen sich als ein agiles Management Tool und Framework mit der Möglichkeit zur Verknüpfung der langfristigen Vision eines Unternehmens mit den Zielen der Teams und Mitarbeitenden beschreiben (HAUFE.TALENT, 2022). Während mit dem „Objective" als visionäres und qualitatives Ziel die Richtung vorgegeben wird, bestimmen die „Key Results" die konkreten Meilensteine zur Erreichung dieses Ziels (Botta, 2020).
Hierbei machen Ergebnisse der OKR-Studie von Haufe Talent in Zusammenarbeit mit der Hochschule für Technik Stuttgart eine Vielzahl positiver Wirkungen sichtbar, welche die Anwendung dieses Tools für das Empowerment sowohl auf Ebene des Individuums und des Teams als auch auf organisationaler Ebene mit sich bringt. Ein wichtiges Augenmerk ist vor diesem Hintergrund auf den Beitrag zu legen, den die Anwendung dieses Tools zu einer höheren Partizipation leistet. Durch die Förderung von mehr Eigenverantwortung und Vertrauen gegenüber den Mitarbeitenden führen OKR zugleich zu einer erhöhten Motivation. Nicht zuletzt ermöglichen sie es, die Vision und Unternehmensziele für die Beteiligten greifbarer zu machen. (HAUFE TALENT, 2022)

Performance Dimension Checklist

Ein weiteres Instrument ist die Performance Dimension Checklist (Hedley, 1993) als detaillierter Bezugsrahmen für die Durchführung von Leistungsbewertungen. Sie basiert auf der Identifikation verschiedener Dimensionen, Unterdimensionen und detaillierter Verhaltensweisen, die ein Designteam hinsichtlich ihrer Passgenauigkeit für die zu beurteilende Position auswählt. Bestimmend dafür ist die Annahme, dass es, je genauer die erforderlichen spezifischen Verhaltensweisen definiert sind, umso bessere Ergebnisse mit sich bringt. Von Roth (2020) wurde daraufhin ein Softwaresystem entwickelt, welches die Performance Dimension Checklist in eine tägliche oder „sofortige" Feedback-Lösung übersetzt. (Pritchard & Wright, 2020)
Im Gegensatz zu klassischen Methoden der Leistungsbeurteilung, die oft die Kontrolle der Mitarbei-

Fokus HR-Praktiken	{	• MA-Beurteilung • **Talentidentifikation** • MA-Entwicklung
Basis HR-Praktiken	{	• Nachfolgeplanung • MA-Bindung • MA-Rekrutierung

Abbildung 7: HR-Praktik der Talentidentifikation

tenden in den Fokus nehmen (X-Theorie), zeigen die beiden dargestellten Beispiele für agile Ansätze der Leistungsbeurteilung eine Verknüpfung zu der in Kapitel 2.1.3 erläuterten Y-Theorie mit ihrem positiven Menschenbild auf (Me & Company, 2022).

Die Personalpraktik der Talentidentifikation schließt im Verständnis von Hehns Talentmanagement System (2016) bedeutsame Personalprozesse in der Benennung von Leistungs- und Potenzialträgern in Talentkonferenzen, dem Abgleich der Passung der Mitarbeiter sowie der Förderung ausgewählter Mitarbeitergruppen im Potenzialreservoir ein. Hierbei ist die Talentidentifikation, nach einer Einschätzung der vergangenen Leistung sowie der aktuell verfügbaren Kompetenzen des Mitarbeitenden im Rahmen der Mitarbeiter-Beurteilung, in dem darauffolgenden Schritt auf die Analyse des Potenzials – im Verständnis zukünftiger Kompetenzen, die momentan noch nicht vollständig entwickelt sind – fokussiert.

In einer spezifischeren Definition ist Potenzial – als zentrale strategische Größe von Unternehmen – durch die „Veränderbarkeit einer Person hinsichtlich ihrer Qualifikation in Relation zu derzeitigen und zukünftigen Anforderungen" (Wenninger, 2000) gekennzeichnet. So findet das Potenzial einer Person darin Ausdruck, „Möglichkeiten (latente Qualifikationen) heute und in Zukunft Wirklichkeit (manifeste Qualifikationen)" (ebenda) werden zu lassen. Wie lässt sich ein solches Potenzial schließlich genauer identifizieren? Dafür stellt die Bestimmung von

Kriterien ein zentrales Element dar, um das Vorhandensein von Talent oder Fähigkeiten beurteilen zu können.

Anhand festgelegter Skalen ist es daraufhin möglich, im Rahmen einer Potenzialanalyse ein Gesamtprofil von Mitarbeitenden zu erstellen und aus dessen Abgleich mit den zuvor bestimmten Kriterien Talente zu entdecken und eine Eignung für höher qualifizierte Aufgaben zu erkennen. So ermöglicht es ein solches Profil durch die Erfassung von unter anderem fachlichen Fähigkeiten, der Motivation sowie der Persönlichkeitsmerkmale ebenso, Mitarbeitende gezielt fördern zu können. (Herzog, 2020a)

Es gibt verschiedene Methoden zur Durchführung einer Potenzialanalyse. Bekannte Beispiele sind Development-Assessment oder 360°-Feedback-Analyse (ebenda).

Talentkonferenz

In Hehns Talentmanagement System (2016) wird ein wichtiger Baustein im Prozess der Talentidentifikation in der Talentkonferenz betrachtet. Diese stellt eine „strukturierte Diskussionsrunde [dar], in der Führungskräfte einen bestimmten Kreis von Mitarbeitern besprechen." (ebenda, S. 156). So steht sie den Führungskräften der Organisation als Instrument zur Verfügung, um einen vollständigen Überblick über Leistung, Verhalten bzw. Kompetenz und Potenzial aller Mitarbeitenden zu erhalten. Basierend auf einem Mitarbeiterprofil mit einer umfänglichen Informationsbasis über den Mitarbeitenden wird abteilungsübergreifend – im Austausch der Vorgesetzen mit Kollegen auf gleicher Hierarchieebene und den nächsthöheren Vorgesetzten – eine Bewertungskalibrierung der Leistungsbeurteilung vorgenommen und ganzheitlich die weitere Entwicklung der Mitarbeitenden diskutiert. Das Ergebnis der Talentkonferenz bildet eine gemeinsame Entscheidung zur Gesamt- und Potenzialbeurteilung, wobei letztere die Nominierung für das so bezeichnete Potenzialreservoir beinhaltet. Mit der Aufnahme in das Potenzialreservoir wird für Talente mit hohem Potenzial und Kompetenzen sowie hoher Leistung eine beschleunigte Entwicklung angeboten. (ebenda)

Dabei zeigt es zugleich Bedarf für eine entsprechende Neuausrichtung auf, um aus dem Verständnis einer eigenverantwortlichen Entwicklung im Ansatz des Talentengagements eine Eigeninitiative des Mitarbeitenden gezielt auch im Bereich der Talentidentifikation zu fördern.

So kann es beispielsweise bedeuten, mit einem Fokus auf das Talentengagement, Möglichkeiten für die Mitarbeitenden zu schaffen, in welchen diese sich selbst als Talente für Entwicklungsprogramme und Nachfolgeplanungen nominieren können. Wesentlich dafür ist es, davon auszugehen, dass Talente einhergehend mit einer höheren Verantwortung, die ihnen zugeschrieben wird, auch in der Lage sind und sein sollten, für sich selbst zu sprechen (Fastenroth et al., 2020).

Zugleich bedingt ein „Missverhältnis zwischen Talentangebot und -nachfrage" (Vollrath, 2018, S. 172),

dass es heute für Unternehmen häufig nicht mehr ausreichend ist, sich allein auf die Identifikation interner Talente zu beschränken, sondern es notwendig ist, zusätzlich Talente von außen für das Unternehmen zu gewinnen. Für eine Ergänzung des internen Talentpools durch externe Kandidaten sind die nachfolgenden Aspekte bedeutsam, die es neben den Kriterien Potenzial und Performance als weitere bestimmende Faktoren zu berücksichtigen gilt:

1. **Mitarbeitende, die das Beste aus ihren Fähigkeiten machen wollen**
   So ist es für die Auswahl von Talenten allgemein bedeutsam, die Fähigkeiten der Bewerbenden bereits bei der Einstellung zu analysieren und dort darauf zu achten, dass nur Menschen eingestellt werden, die das Beste aus ihren Fähigkeiten machen wollen.

2. **Gewinnung und Bindung von Millennials**
   In gleicher Weise ist es wichtig, sich einem besonderen Stellenwert bewusst zu sein, welcher im Zuge dessen der Gewinnung und Bindung von Millennials (Generation Y) zukommt. Eine solche Bedeutsamkeit ist dadurch bestimmt, dass diese vernetzt sind und kooperieren und außerdem Kenntnis sowohl über die digitale als auch analoge Welt besitzen (Walzer et al., 2019). Nicht zuletzt sind sogenannte Young Professionals von dem Wunsch nach Sinnstiftung geprägt sowie dem Wunsch, Wagnisse einzugehen, etwas auszuprobieren und zu experimentieren (ebenda). All dies kennzeichnet eine hohe Bedeutsamkeit, die diesen bei der Suche und Auswahl zukünftiger Talente zuteilwird, was auch das nachfolgende Zitat von Walzer und Kollegen (2019, S. 84) sichtbar macht: „Der Generation Y kommt also eine Schlüsselrolle in der Sicherung der zukünftigen Existenz eines Betriebes zu als auch hinsichtlich seiner Konkurrenzfähigkeit am Markt.".

3. **Gestaltung eines diversen Talentpools**
   Daneben ist im Hinblick auf die Gestaltung eines diversen Talentpools die Berücksichtigung der Integration von Unterschieden bedeutsam (Welpe et al., 2018). Hierbei unterstreicht die Kienbaum Talent-Management Studie 2018 „Trust in Talent" die Notwendigkeit heterogener

Talent-Profile als wichtige Triebkraft der Innovation in Unternehmen und wesentliche Voraussetzung dafür, um Altes infrage zu stellen und Neues entstehen zu lassen (Delahaye, Hübbe & Riener, 2018). Aussagen des Reports „Diversity Wins: How Inclusion Matters" von McKinsey & Company stützen diese Bedeutung vielfältiger Talente als bestimmender Treiber von Inklusion (Dixon-Fyle, Dolan, Hunt & Prince, 2020).

Dafür gilt es, unterschiedliche Dimensionen der Diversität – wie ethnische Herkunft, Alter und Geschlecht – zu berücksichtigen und Diversität über all diese Dimensionen hinweg zu integrieren (Welpe et al., 2018). Als bedeutsamen Aspekt zur Steigerung der Attraktivität von Schlüsselpositionen für weibliche Talente legen Ritz und Sanelli (2011) vor diesem Hintergrund einen Fokus auf eine deutliche Erhöhung des Frauenanteils, um den Bestand an Talenten erhalten zu können.

„Connecting Confidence and Aptitude: How to Succeed as a Woman in Leadership"

Frauen erwarten, dass das Leben fair ist, was es jedoch nicht ist:

Es ist nicht einfach in der von Männern geprägten Geschäftswelt eine Frau zu sein.

Es ist nicht einfach, von Männern wie von Frauen eine strenge Beurteilung zu erfahren.

Es ist nicht einfach, sich stärker beweisen zu müssen als männliche Kollegen.

Es ist nicht einfach, zu jeder Zeit durch eine höhere Kompetenz und Professionalität glaubwürdig erscheinen zu müssen.

Frauen müssen alte Normen tolerieren und trotzdem große Schritte gehen, um sich mit der Welt um sie herum zu verbinden und diese zu verbessern. So erfordert es von ihnen, eine eigene Denkhaltung und Fähigkeiten zu entwickeln sowie Beziehungen am Arbeitsplatz zu Männern wie zu Frauen aufzubauen.
Das Buch "Connecting Confidence and Aptitude: How to Succeed as a Woman in Leadership" zeigt vor diesem Hintergrund basierend auf Forschungsergebnissen und persönlichen Erfahrungen auf, warum nicht jedes Umfeld für Frauen geeignet ist, um wachsen zu können. Zugleich werden Beispiele von Frauen gegeben, welche den Mut gezeigt haben, ihr authentisches Selbst zu sein und so zu Vorbildern für andere zu werden.
Aus: Winkler und Bramwell (2021) – „Connecting Confidence and Aptitude: How to Succeed as a Woman in Leadership"

Eine wichtige Grundlage, um aus den Vorteilen eines diversen Talentpools schöpfen zu können, ist die Etablierung gleichbehandelnder Prozesse (Welpe et al., 2018).

4. **Suche nach Talenten außerhalb der Branche**
    Im Weiteren empfehlen Walzer und Kollegen (2019) insbesondere in umkämpften und unbekannteren Branchen, auch außerhalb derselben nach Talenten zu suchen. Sie betrachten dies im Zusammenhang mit Vorteilen, die dies für die Größe des Pools an potenziellen Talenten, aus welchem man schöpfen kann, mit sich bringt sowie Möglichkeiten, die der Blickwinkel von Branchenfremden und Quereinsteigern als Außenstehende mit einem Beitrag zum Aufbruch veralteter Strukturen für Innovationen schaffen kann.

Mitarbeiter-Entwicklung

Fokus HR-Praktiken	• MA-Beurteilung • Talentidentifikation • **MA-Entwicklung**
Basis HR-Praktiken	• Nachfolgeplanung • MA-Bindung • MA-Rekrutierung

Abbildung 8: HR-Praktik der Mitarbeiter-Entwicklung

Die Personal-Praktik der Mitarbeiter-Entwicklung ist im Rahmen von Hehns Talentmanagement System (2016) dem Ziel des systematischen Aufbaus von Kompetenzen sowie der Gestaltung zielgruppenspezifischer Entwicklungsmaßnahmen on-the-job und off-the job zugeordnet.

Mit einem Fokus auf das Talentengagement erfordert es eine neue Perspektive einzunehmen, in der Entwicklung nicht mehr allein in Verknüpfung mit einer Führungslaufbahn gedacht wird. So gilt es, um Raum für neue subjektive Maßstäbe für beruflichen Erfolg zu schaffen und alternative Karrierewege zu stär-

ken, „starre Denkmuster in Bezug auf das allenfalls vorherrschende Karriereverständnis von ‚Aufstieg' aufzubrechen" (Kels et al., 2015, S. 43). Alternative Karrierewege können sich hierbei unter anderem in einer Fachkarriere oder Projektlaufbahn darstellen. Unterstützend formuliert die Kienbaum-Talentmanagement-Studie 2020 eine wesentliche Forderung darin, „Entwicklung breiter [zu] denken als Hierarchie." (Fastenroth et al., 2020).

Eine solche Notwendigkeit ist zugleich durch ein sich veränderndes Karriereverständnis auf Seiten der Mitarbeitenden bedingt (Kels et al., 2015). Nach einer

vormals fast ausschließlichen Bedeutung objektiver Karrieremerkmale, wie beispielsweise Gehalt oder Beförderung, erhalten diese verstärkt Ergänzung durch subjektive Faktoren, zu welchen beispielsweise die Pflege sozialer Beziehungen als zunehmend entscheidender Indikator für das Empfinden einer erfolgreichen Karriere zählt (ebenda). Hierbei bringt es eine wachsende Pluralisierung der Wertvorstellungen und eine verstärkte Individualisierung der Vorstellungen von Arbeit und Karriere mit sich (Vollrath, 2018). So bestimmt sich daraus ein zentraler Stellenwert des Talentengagements in den besonderen Möglichkeiten, welche es mit seinem Fokus auf der eigenverantwortlichen Entwicklung des Mitarbeitenden gegenüber klassischen Ansätzen des Talentmanagements für die Berücksichtigung solcher individuellen Karrierebedürfnisse bietet. Nach Kels und Kollegen (2015) ist darin ein wesentlicher Faktor für den Erfolg des Talentmanagements gekennzeichnet.

Mit der Eigenverantwortlichkeit, die dem Mitarbeitenden im Ansatz des Talentengagements für die eigene Entwicklung zukommt, bedingt es zugleich, das Wissen als Holschuld des Talents gekennzeichnet ist. Hierbei findet sich der Mitarbeitende in einer Rolle als Gestalter des eigenen Lernprozesses wieder, in welcher er Lerninhalte selbstbestimmt auswählt und transformiert und diese auf die von ihm identifizierten Lernziele und Aufgaben ausrichtet (Dreilich, 2022).

Mit der engen Verzahnung zwischen den einzelnen Personal-Praktiken (Hehn, 2016) nehmen die hier betrachteten Ansätze für eine Neuausrichtung der Fokus-HR-Praktiken Mitarbeiter-Beurteilung, Talentidentifikation und Mitarbeiter-Entwicklung zugleich Einfluss auf die ergänzenden HR-Praktiken der Mitarbeiter-Bindung, Mitarbeiter-Rekrutierung und Nachfolgeplanung. Dies konnte in den Ausführungen zur Talentidentifikation sichtbar gemacht werden, wo ausgehend von einer Notwendigkeit zur Ergänzung des internen Talentpools ein Bezug zu wichtigen Kriterien für die externe Rekrutierung hergestellt wurde.

Anknüpfend an eine solche tiefergehende Auseinandersetzung mit einem Entwicklungsprozess hin zum Talentengagement anhand der drei Säulen Strategie, Kultur und HR-Praktiken des Talentmanagement Systems von Hehn (2016), bringt es zum Abschluss dieses Kapitels nun die Frage mit sich, wie sich wesentliche Elemente der vorangegangenen Betrachtung in ein entsprechendes Rahmenkonzept zum Talentengagement transferieren lassen. Dafür soll das Talentmanagement System von Hehn (2016) als Rahmen erhalten bleiben und innerhalb diesem neue Schwerpunkte für die drei Säulen Strategie, Kultur und HR-Praktiken definiert werden, welche die erweiterte und ergänzende Perspektive des Talentengagements reflektieren. Damit wird verdeutlicht, wie der Gedanke des Talentengagements als notwendige Anpassung an die Dynamik der heutigen Arbeitswelt auf dem Talentmanagement gründet und keinen von diesem losgelösten Ansatz darstellt. Mit der Abbildung und genaueren Beschreibung des Rahmenkonzeptes soll diesbezüglich im folgenden Kapitel versucht werden, Talentengagement genauer zu fassen und als möglichen Begriff für die zukünftige Gestaltung des Umgangs mit Talenten zu setzen.

Kapitel 2.3
Ergänzung von klassischem Talentmanagement und Talentengagement

In einer zusammenfassenden Betrachtung sollen wesentliche Elemente der aktuellen Entwicklungsprozesse und Bewegungen im Talentmanagement in ihrem Einfluss auf die spezifische Ausrichtung des Talentmanagement Systems im nachfolgenden Rahmenkonzept zum Talentengagement abgebildet werden.

Dies erfolgt durch die Übertragung der im vorherigen Kapitel genannten Säulen in ein Rahmenmodell, das weitere Bausteine wie etwa Zukunftskompetenzen enthält (Abb. 9).

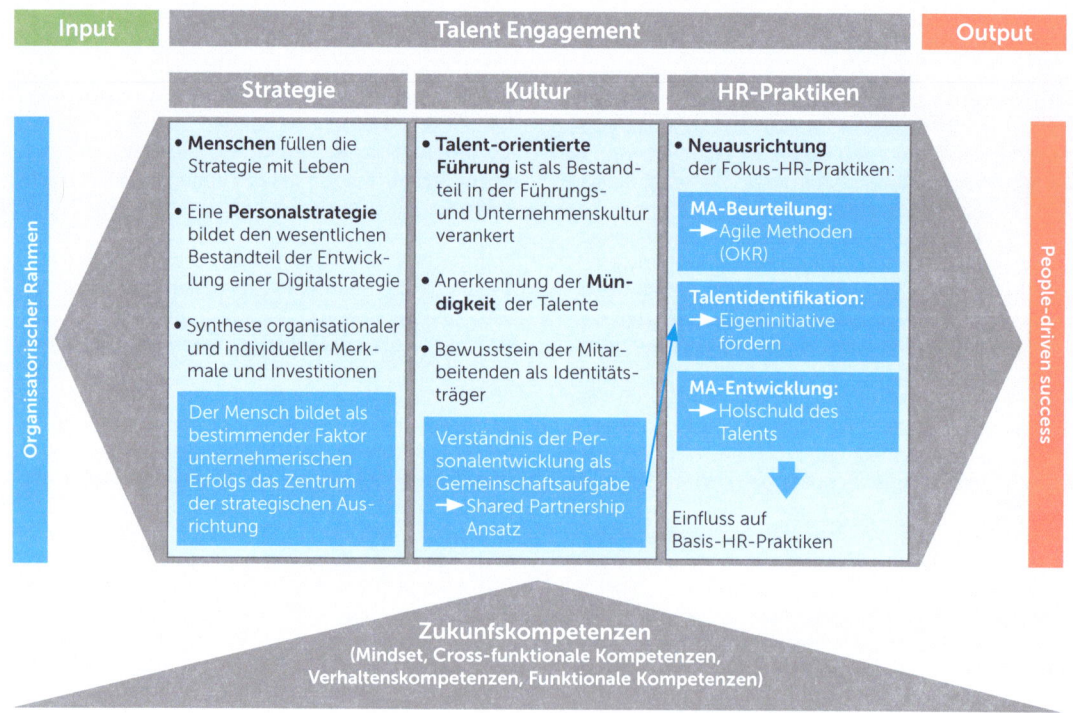

Abbildung 9: Rahmenkonzept zum Talentengagement, eigene Darstellung in Anlehnung an Hehn, 2016, S. 4

Die Entwicklung des Rahmenmodells zum Talentengagement basierend auf dem Rahmenkonzept zum Talentmanagement von Hehn (2016) macht sichtbar, dass Ansätze des Talentmanagements und des Talentengagements einander nicht ausschließen, sondern sich vielmehr gegenseitig bedingen.
Es legt damit den Fokus darauf, nach wie vor relevante Disziplinen des klassischen Talentmanagements neu zu interpretieren und mit weiteren mitarbeiterfokussierten Konzepten zu integrieren (HAUFE. TALENT, 2021).

Die nachstehende Tabelle dient in diesem Kontext dazu, wesentliche Aspekte einer solchen Integration und Weiterentwicklung des klassischen Talentmanagements anhand von sechs Dimension, wie sie zuvor unter anderem bereits in einer genaueren Erläuterung der jeweiligen Ansätze berücksichtigt wurden, noch einmal pointiert darzustellen:

	Klassisches Talentmanagement	Talentengagement
Fokus	Prozess-Effizienz Skalierbarkeit Standardisierbarkeit	Mensch
Treiber der Talententwicklung	Prozesse HR	Mensch Führung Organisation
Menschenbild	X-Theorie: Menschen sind grundsätzlich faul und bedürfen der Kontrolle.	Y-Theorie: Menschen wollen leisten.
Input	Unternehmensstrategie	Organisationaler Rahmen
Output	Geschäftserfolg	People-driven success
Talentdefinition	Perfomance und Potenzial	Performance, Potenzial und Kompetenz

Tabelle 1: Gegenüberstellung Klassisches Talentmanagement und Talentengagement

Zur Annäherung an das Rahmenkonzept müssen wir zunächst den Begriff Talent noch einmal aus einer anderen Perspektive betrachten. Zudem gilt es, aufgrund der Dynamiken der Arbeitswelt einen Fokus auf die von Talenten benötigten Kompetenzen der Zukunft (Future Skills) zu legen. Daher geht das nun folgende Kapitel auch auf diese ein.

Teil 3

Was ist ein Talent im Sinne des Talentengagements?

Einhergehend mit einem veränderten Rollenverständnis und der aktiven Teilhabe und Verantwortlichkeit des Mitarbeitenden für die eigene Entwicklung im Ansatz des Talentengagements wirft es die Frage auf, welche spezifischen Kompetenzanforderungen sich daraus für ein Talent in der Arbeitswelt der Zukunft ergeben. Eine genauere Betrachtung der Kompetenzen ist zudem aufgrund eines Stellenwertes bedeutsam, welchen Kompetenzmanagement als Basis jedes Talentmanagement Systems besitzt

(Hehn, 2016). Vor diesem Hintergrund ist es wesentlich, im Folgenden zunächst eine genauere Bestimmung des Begriffes „Talent" vorzunehmen und auch hier einen Blick auf eine Veränderung im Begriffsverständnis im Kontext der eingangs beschriebenen Rahmenbedingungen zu richten.

Kapitel 3.1
Die Perfomance-Potenzial -Matrix

Zur Betrachtung des Begriffs Talent bietet die Performance-Potenzial-Matrix – dargestellt in der nachfolgenden Abbildung – einen wichtigen theoretischen Anknüpfungspunkt (Hehn, 2016). Performance meint die Leistung:

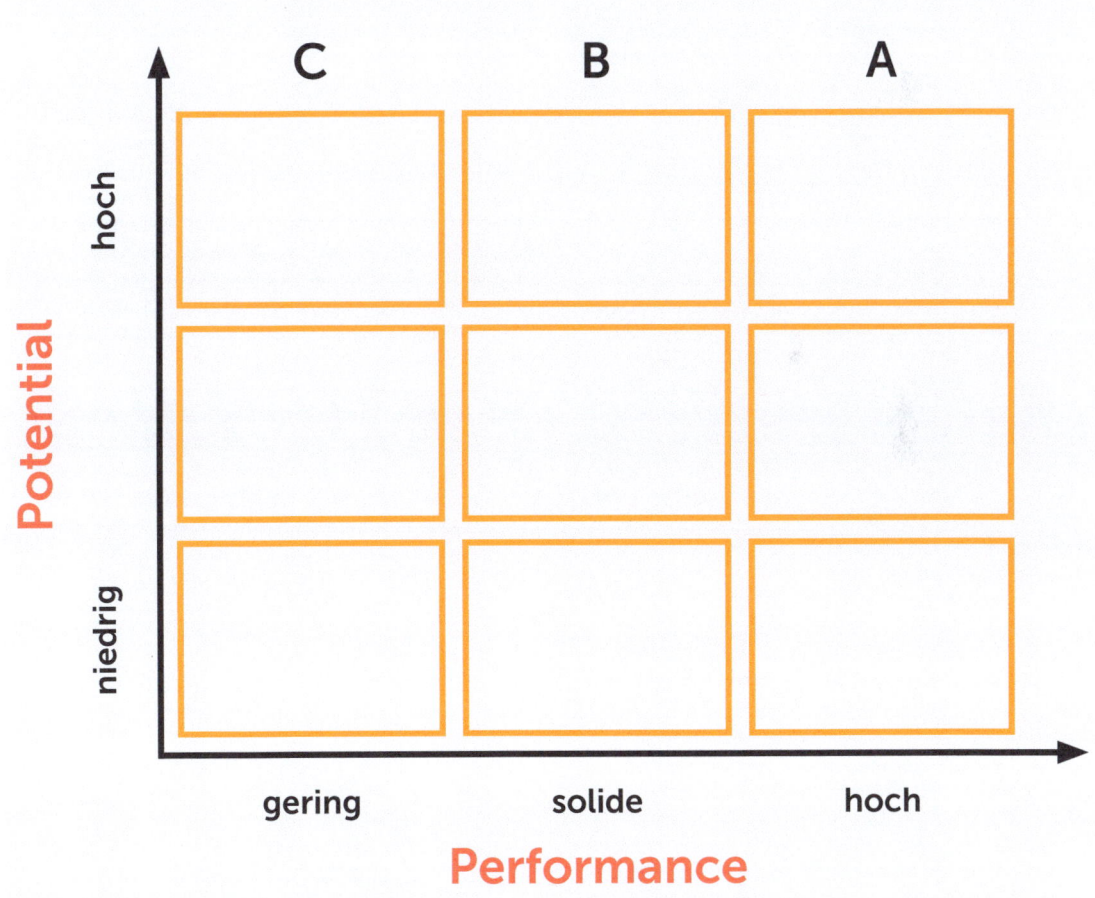

Abbildung 10: Performance-Potenzial-Matrix, eigene Darstellung in Anlehnung an Hehn, 2016, S. 5

Anhand dieser lässt sich ein Talent als eine Kombination aus Leistung und Potenzial definieren, wobei eine Differenzierung zwischen dem Konventionellen Ansatz und dem Integrierten Ansatz vorgenommen wird. Während nach dem Konventionellen Ansatz lediglich diejenigen Mitarbeiter unter der Belegschaft als Talente zu betrachten sind, die sowohl eine hohe Performance (Leistung) liefern als auch über ein hohes Potenzial für eine höhere Position verfügen, ist die grundlegende Annahme des Integrierten Ansatzes dadurch gekennzeichnet, dass jeder Mitarbeiter über Talent verfügt und mit Fähigkeiten ausgestattet ist, die erkannt werden sollten. So resultieren daraus unterschiedliche Herausforderungen. Bezugnehmend auf den Konventionellen Ansatz liegt diese insbesondere darin, die aktuellen und wenigen Talente immer wieder aufs Neue identifizieren zu müssen. Demgegenüber liegt die Herausforderung im Verständnis des Integrierten Ansatzes darin, die Mitarbeitenden mit ihren individuellen Fähigkeiten in den richtigen Positionen einzusetzen.

Bei alldem lässt sich eine solche Unterscheidung wiederum im Kontext notwendiger Entwicklungsprozesse im Talentmanagement betrachten, nachdem es sich Unternehmen vor dem Hintergrund „des demografisch bedingten Rückgangs des Arbeitskräfteangebotes bei gleichzeitig steigenden Anforderungen [...] nicht [mehr] erlauben können, nur in eine Minderheit ihrer Mitarbeiter zu investieren." (Hehn, 2016, S. 3). Hierbei ist der integrierte Ansatz mit der Annahme, dass jeder Mensch über Talent verfügt, zugleich durch ein entsprechend positives Menschenbild gekennzeichnet.

Neben einer solchen grundlegenden Begriffseinordnung anhand der Performance-Potenzial-Matrix ist für ein tiefergehendes Begriffsverständnis außerdem eine genauere Abgrenzung des Talents gegenüber dem High Potential bedeutsam, wie sie von Thom und Nesemann (2011) vorgenommen wird. Ein wesentliches Unterscheidungsmerkmal ist dadurch bestimmt, dass sogenannte High Potentials die derzeitigen Anforderungen eines Unternehmens bereits (aktuell) im großen Umfang erfüllen, während ein Talent in der aktuellen Situation nicht unbedingt mit Top-Leistungen herausragen muss und unter Umständen sogar nur geringe bis mittelmäßige Leistungen zeigt (Piéch, 2020). Eine solche differenzierte Betrachtung spiegelt sich schließlich auch in deren

Definition des Talentbegriffes wider, nach welcher es sich bei einem Talent um all diejenigen Mitarbeitenden handelt, „die über ein hohes Potenzial zur Wahrnehmung komplexer Aufgaben verfügen und sich in der Entwicklung zu einem High Potential befinden oder (in relevanten Kompetenzen) bereits zu diesen zählen" (Thom & Nesemann, 2011, S. 25). In einer weiteren Definition von Michaels, Handfield-Jones und Axelrod (2001) wird zudem ein Fokus auf die Lern- und Entwicklungsfähigkeit gelegt, durch welche ein Talent gekennzeichnet ist.

Damit soll diese in gleicher Weise den Ausgangspunkt bilden, um im Folgenden bedeutsame Kompetenzen des zukünftigen Talents genauer in den Blick zu nehmen. Ausgehend von der vorherigen Definition des Talentbegriffs ist dies wesentlich, da im Kontext subjektiverer Karriereverläufe und einer zunehmenden Verknappung hochqualifizierter Mitarbeitender eine zweidimensionale Definition des Talents anhand der Dimensionen Potenzial und Performance nicht mehr ausreicht (Vollrath, 2018), sondern vielmehr einer Ergänzung durch die Dimension Kompetenz bedarf (Enaux, Henrich & Meifert, 2011). Auf diese Weise bedeutet es, Potenzial mit der Bestimmung relevanter Zukunftskompetenzen zu verknüpfen.

Wichtig ist die Aussage, dass Fähigkeiten gegeben sind, die den Einsatz von Wissen überhaupt erst ermöglichen, während Reines Wissen immer weniger wichtig werden wird (Kirchherr, Klier, Lehmann-Brauns & Winde, 2018). Dies korrespondiert mit einer Bedeutsamkeit, wie sie von Vollrath (2018, S. 178) – in Anlehnung an Jäger und Körner – vor dem Hintergrund benötigter Fähigkeiten im Umgang mit Unsicherheit, Veränderungen, Innovation und Kollaboration dafür betont wird, „bei der Talentauswahl mehr Brüche zu[zu]lassen und Wert auf cross-funktionale Skills und ein breiteres Kompetenzprofil [zu] legen".

Das nachfolgende Unterkapitel setzt sich dafür nun detaillierter mit bedeutsamen Kompetenzen zukünftiger Talente auseinander. Hierbei wird ein wichtiger Ausgangspunkt mit einer genaueren Betrachtung sogenannter Future Skills geschaffen.

Kapitel 3.2
Future Skills – Kompetenzen zukünftiger Talente

In der konkreten Auseinandersetzung mit sogenannten Future Skills oder Kompetenzen der Zukunft, welche im Begriffsverständnis von Kirchherr und Kollegen (2018, S. 5) für eine „wichtige Teilmenge aller in Zukunft erforderlichen Fähigkeiten" stehen, werden Fähigkeiten in den folgenden drei Kategorien betrachtet: **Technologische** Fähigkeiten, **Digitale** Grundfähigkeiten und **Klassische** Fähigkeiten.

Sie bilden die drei zentralen Dimensionen des vom Stifterverband Bildung. Wissenschaft. Innovation. und McKinsey & Company entwickelten Future-Skills-Framework ab, denen insgesamt 18 Skills zugeordnet sind (ebenda). Im Folgenden werden sie genauer beleuchtet.

Technologische Fähigkeiten sind die, derer es bedarf, um transformative Technologien zu gestalten. Als Beispiel kann hier die Fähigkeit zur Analyse komplexer Daten dienen. Kirchherr und Kollegen (2018) stellen heraus, dass diese Kategorie der technologischen Fähigkeiten über alle Wirtschaftsbereiche hinweg für die Bildung neuer Berufsprofile sorgt. (ebenda)

Mit der zweiten Dimension der **digitalen Grundfähigkeiten** werden im weiteren Fähigkeiten beschrieben, durch welche den Menschen die Orientierung in einer digitalisierten Umwelt sowie die aktive Teilnahme an dieser ermöglicht wird.

Hierzu sind beispielsweise Fähigkeiten wie der „informierte Umgang mit Daten im Netz **(Digital Literacy)**" (ebenda, S. 5) sowie des kollaborativen Arbeitens zu zählen. Mit dem Besitz solcher Fähigkeiten befähigt es die betreffenden Personen zum kooperativen und agilen Arbeiten, zur wirkungsvollen Interaktion sowie zum Treffen kritischer Entscheidungen in einer immer stärker digital geprägten Welt. (ebenda)

Die dritte Kategorie der **klassischen Fähigkeiten** umfasst Kompetenzen und Eigenschaften, die aus Sicht der Unternehmen in den kommenden Jahren im Arbeitsleben eine wachsende Bedeutung gewinnen werden. Als Beispiele sind hier unter anderem Adaptionsfähigkeit, Kreativität und Durchhaltevermögen zu nennen, welche die Orientierung in neuen Situationen sowie die Analyse und Lösung von Problemen in einer zunehmend unbeständigen und komplexen Arbeitswelt unterstützen. (ebenda)

Ergänzend zu dieser Einordnung teilt das Institute for the Future in Zusammenarbeit mit der ACT Foundation und The Joyce Foundation bestimmende Fähigkeiten in die vier Bereiche „Personal Skills", „People Skills", „Applied Knowledge" und „Workplace Skills" ein (Fidler, 2016).

Die Dimension der **„Personal Skills"** ist dabei durch das Vermögen, als „Streber" und Teamplayer zu handeln, bestimmt. In diesem Kontext schließt sie als bedeutsame Fähigkeiten den respektvollen Umgang mit anderen, die Bereitschaft zur Arbeit und die Suche nach Herausforderungen sowie weitere Kompetenzen in der Verantwortungsübernahme, Anpassungsfähigkeit und Professionalität ein. (ebenda)

Die Kategorie der **„People Skills"** umfasst Fähigkeiten, die das Vermögen einer Person als Teamplayer kennzeichnen. Darunter zählen bestimmende Fähigkeiten wie die effektive Kommunikation und Zusammenarbeit mit anderen Menschen, welche auch von unterschiedlichen Hintergründen geprägt sind, sowie die Aufrechterhaltung offener Kommunikationswege. (ebenda)

Unter dem Bereich der **„Applied Knowledge"** sind folgend Fähigkeiten näher zusammengefasst, die in Zusammenhang mit der grundlegenden Fähigkeit zur logischen Analyse von Informationen stehen. Wichtige Fähigkeiten werden durch eine klare schriftliche Kommunikation, eine mathematische Grundbildung, die Fähigkeit zur beidhändigen Anwendung von wissenschaftlichen Methoden und Informationstechnologien sowie die Fähigkeit zum kritischen und analytischen Denken abgebildet. (ebenda)

Mit der vierten Kategorie der **„Workplace Skills"** richtet sich der Blick abschließend auf Kompetenzen, die bestimmend für die Fähigkeit des Mitarbeitenden als Problemlöser und Entscheider sind. Dies beinhaltet spezifische Fähigkeiten in der Planung und Organisation sowie der Problemlösung und Entscheidungsfindung. Solche Querschnittskompetenzen sind durch Kundenorientierung, wesentliche Kenntnisse in betriebswirtschaftlichen Grundlagen sowie den Umgang mit Tools und Technologien gekennzeichnet. (ebenda)

In einer ergänzenden dritten Kategorisierung bestimmt die Kienbaum-Studie „Workforce Ambidexterity" (2021) wesentliche Zukunftskompetenzen auf den vier Ebenen des Mindsets, der Verhaltenskompetenzen, der Cross-funktionalen Kompetenzen sowie der Funktionalen Kompetenzen. Während für letzteren Bereich der Funktionalen Kompetenzen eine abnehmende Bedeutung zu konstatieren ist, gewinnen die Kompetenzebenen des Mindsets und der Cross-funktionalen Kompetenzen sowie zwischenmenschliche Kompetenzen auf der Ebene der Verhaltenskompetenzen an Bedeutung. (Fastenroth, Jochmann, Knappstein & Wandt, 2021)

Im Folgenden setzen wir die aufgeführten Kompetenzen stärker in Bezug zu Talenten.

Kapitel 3.3
Kompetenzen zukünftiger Talente – das 8-T-Modell

Auch wenn all diese Einordnungen wesentliche Gedanken zu zentralen Zukunftskompetenzen abbilden, werden diese dennoch nur bedingt der Anforderung

an ein pragmatisches und zukunftsfähiges Modell gerecht, welches ebenso mit der Möglichkeit zur Ableitung konkreter Handlungsansätze verknüpft und eingänglich für die Vermittlung auf unterschiedlichen Ebenen ist.

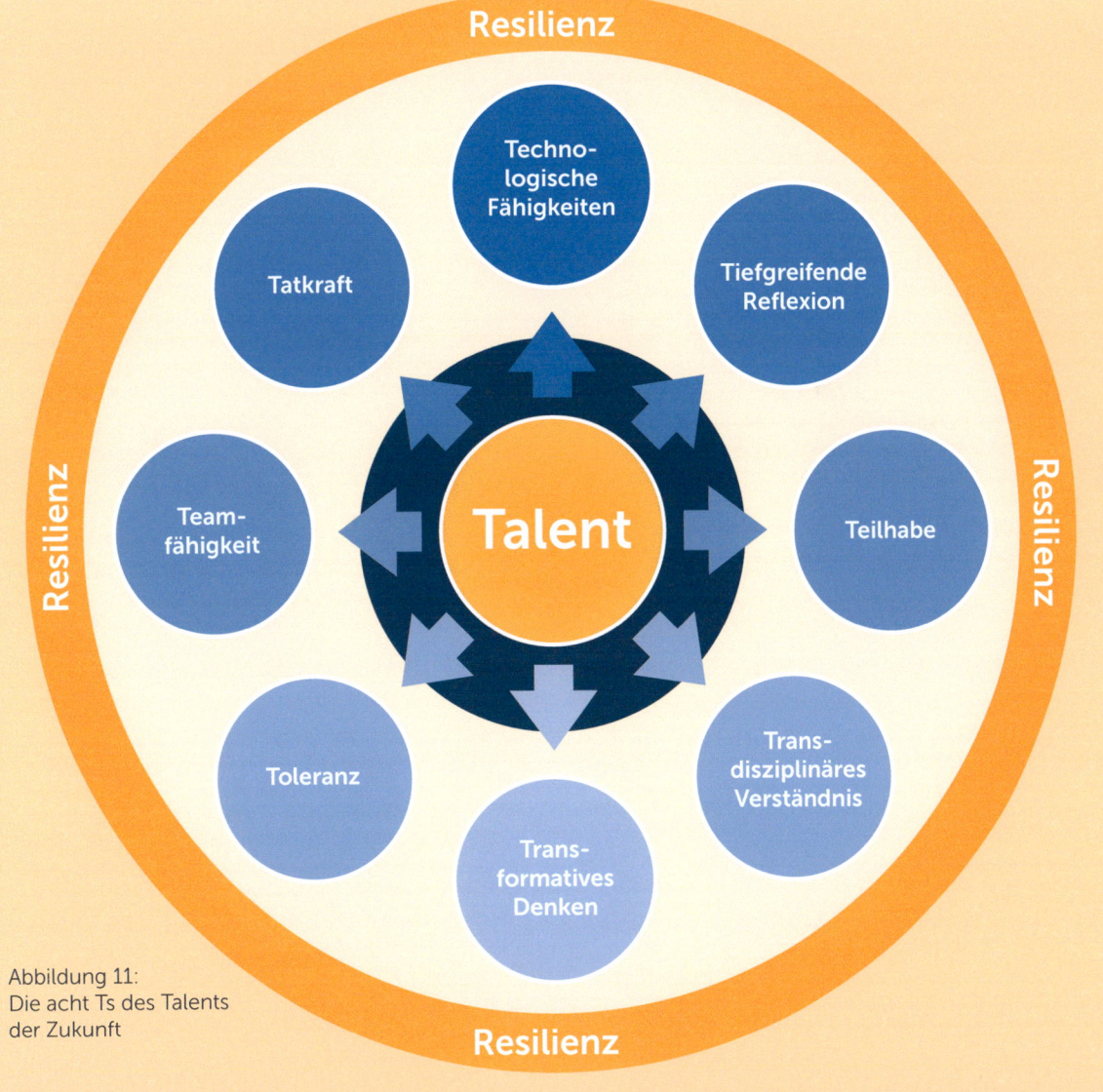

Abbildung 11:
Die acht Ts des Talents
der Zukunft

Aus diesem Grund fassen wir wesentliche Kompetenzen des zukünftigen Talents nachfolgend im Modell der 8 Ts des Talents der Zukunft zusammen. Es benennt die Fähigkeit zur Teilhabe, Transdisziplinäres Verständnis, Transformatives Denken, Toleranz, Teamfähigkeit, Tatkraft, Technologische Fähigkeiten sowie Tiefgreifende Reflexion als zentrale Fähigkeiten des zukünftigen Talents, die im Folgenden jeweils detailliert erläutert werden.

Teamfähigkeit

Eine zentrale Kompetenz des zukünftigen Talents ist Teamfähigkeit, also die Fähigkeit, erfolgreich in und mit Teams arbeiten zu können. Dies schließt die Fähigkeit zur Einbindung anderer Sichtweisen und Meinungen in Gruppenprozesse ein, ebenso wie die, zwischen dem eigenen Leistungsniveau, dem durchschnittlichen Leistungsniveau der Gruppe und sozialen Leistungs- und Wertvorgaben vermitteln zu können und so für ein „stetiges, dynamisches Gleichgewicht" zwischen diesen zu sorgen. Nicht zuletzt ist sie in zunehmendem Maße auch durch die Fähigkeit zur Bildung einer Gemeinschaft bestimmt, welche sich durch eine Aufgeschlossenheit gegenüber Neuem, Handlungsbereitschaft und einem offenen Verhalten gegenüber anderen Personen und Teams auszeichnet. Abschließend zeigt sich Teamfähigkeit ebenso in dem Streben nach einer gemeinsamen Lösung, begleitet von dem Vermögen, auch bei bestehenden Differenzen für Einstimmigkeit in der Gruppe sorgen zu können. (Mair, 2015a)
Auch Ergebnisse einer Studie des Stifterverbands Bildung. Wissenschaft. Innovation. in Kooperation mit McKinsey & Company aus dem Jahr 2018 machen den besonderen Stellenwert der Kollaboration sichtbar. Ihnen zufolge stellt die Kollaboration einen Future Skill dar, den bis zum Jahr 2023 ein Anteil von 86% der Mitarbeitenden beherrschen sollte. Der entsprechende Anteil von agilem Arbeiten beträgt demgegenüber 66%. (Kirchherr et al., 2018)

Tatkraft

Die Tatkraft einer Person als weiteres bestimmendes Merkmal des zukünftigen Talents ist durch eine hohe Motivation im Handeln gekennzeichnet. Sie bezeichnet jede auf bewusste, organisierte Tätigkeiten gerichtete menschliche Aktivität und geht mit einem hohen Lern- und Arbeitsantrieb einher. Sie zeigt sich auch in einem aktiven Herangehen an herausfordernde Situationen. (Mair, 2015b)

Technologische Fähigkeiten

Nach einer Bestimmung des Stifterverbands Bildung. Wissenschaft. Innovation in Kooperation mit McKinsey & Company lassen sich Technologische Fähigkeiten – als eine der drei Kategorien des von ihnen entwickelten Future-Skills-Framework – durch die Fähigkeit der Komplexen Datenanalyse, der Smart Hard-/Robotik-Entwicklung, der Web-Entwicklung, des Nutzerzentrierten Designens, der Konzeption und Administration vernetzter IT-Systeme, der Blockchain-Technologie-Entwicklung sowie der Tech-Translation beschreiben (Kirchherr et al., 2018). Im Kontext der Betrachtung solcher technologischer Fähigkeiten wird in einem Bericht des Institute for the Future in Zusammenarbeit mit der ACT Foundation und The Joyce Foundation unter dem Begriff des „Computational Thinking" zugleich eine zunehmend wichtige Fähigkeit in dem Erkennen und der Beeinflussung von Verbindungen über digitale Systeme wahrgenommen (Fidler, 2016).

Tiefgreifende Reflexion

Mit der Fähigkeit zur tiefgreifenden Reflexion soll im Weiteren Bezug auf die Notwendigkeit für ein ganzheitliches Denken und bewusste Auseinandersetzung mit den eigenen Stärken und Schwächen genommen werden. In diesem Kontext ist dabei eine hervorgehobene Bedeutung der Reflexionsfähigkeit zu betrachten, welche als der Schlüssel zur eigenen Weiterentwicklung betrachtet werden kann (Fürst, 2019). Sie steht in Zusammenhang mit dem Vermögen und der Bereitschaft zur unvoreingenommenen Analyse des geplanten oder realisierten eigenen Handelns sowie zur Bewusstmachung der zugrundeliegenden Handlungsroutinen und Überprüfung deren Effektivität und Effizienz (Armutat et al., 2015). Darüber hinaus soll die Fähigkeit zur tiefgreifenden Reflexion die Bedeutsamkeit eines feinfühligen, zugewandten Umgangs mit den Mitmenschen zum Ausdruck bringen. Als zentraler Begriff ist hier die Empathie hervorzuheben, die „Fähigkeit zum Einfühlen und Nachempfinden der Erlebnisse und Gefühle anderer" (Stangl, 2022). Mit ihr ergibt sich die Möglichkeit zum Aufbau und Erhalt menschlicher Beziehungen, während sie gleichzeitig die Voraussetzung für ein moralisches Handeln bildet (ebenda).

Fähigkeit zur Teilhabe

Die Fähigkeit zur Teilhabe bezieht sich auf den bestimmenden Aspekt der Partizipation und aktiven Einbindung des Mitarbeitenden in die Verantwortlichkeit für die eigene Entwicklung (s. Kapitel 4, mit dem Shared-Partnership-Ansatz). Aus Eigenverantwortlichkeit für die eigene Entwicklung heraus impliziert dies in gleicher Weise ein aktives Mitwirken des Mitarbeitenden an der Entwicklung und dem Erfolg des gesamten Unternehmens.

Transdisziplinäres Verständnis

Vor dem Hintergrund der Tatsache, dass sich Berufsfelder im Laufe des nächsten Jahrzehnts mehr denn je überschneiden werden und Technologien und Computermethoden in allen Aspekten der Arbeit an Bedeutung gewinnen, impliziert dies einen zunehmenden Stellenwert, welcher für ein Transdisziplinäres Verständnis gegeben ist. Denn nur, wenn einander eine Bereitschaft und ein Vermögen zur Auseinandersetzung mit der Begriffswelt des jeweils anderen und zur Integration von Daten und Konzepten über Disziplinen hinweg besteht, ist es schließlich möglich, dringende globale Probleme zu bewältigen. So erfordert es von zukünftigen Arbeitnehmenden die Fähigkeit, unterschiedliche disziplinäre Ansätze eigenständig zu durchdenken. Dabei stellen Neugier und Offenheit für ein kontinuierliches, lebenslanges Lernen bedeutsame Elemente dar, um eine solche Fähigkeit zu festigen, die mit dem Blickwinkel auf der Integration von Bereichen und Perspektiven noch über die interdisziplinäre Teamarbeit hinausgeht. (Fidler, 2016)

Die Bedeutung und der Kern eines transdisziplinären Verständnisses sollen schließlich auch noch einmal durch das nachfolgende Zitat verdeutlicht werden: „[...], this skill is really about speaking the languages of multiple disciplines: biologists who have understanding of mathematics, mathematicians who understand biology." (Howard Rheingold, zit. nach Fidler, 2016, S. 30).

Ebenso soll im Kontext der Anforderung an ein bestimmtes crossfunktionales Grundverständnis der Fachbereiche anderer auch Bezug auf den Begriff der T-Kompetenz genommen werden, die von einer tiefen Fachkompetenz geprägt ist, die Ergänzung durch grobe Kenntnisse in anderen Fachbereichen findet (Becker, 2016).

Transformatives Denken

Eine Welt der zunehmenden globalen Vernetzung, des Wettbewerbs sowie der Automatisierung erfordert Fähigkeiten, die schnelle und adaptive Reaktionen auf unvorhergesehene Situationen unterstützen. Diesbezüglich bringt eine immer stärkere Vernetzung mit sich, dass nicht nur schnellere und günstigere Lösungen gefunden werden können, sondern vielmehr auch, dass das gesamte System von einer großen Unvorhersehbarkeit geprägt ist. Die Volatilität, Unvorhersehbarkeit und Komplexität der heutigen Arbeitswelt erfordern es somit zukünftig immer mehr von Mitarbeitenden, auf neue und unvorhergesehene Situationen zu reagieren. Tiefgreifende Veränderungen in der heutigen Unternehmenswelt führen überdies dazu, dass wiederholende und mechanische Aufgaben anstelle des Menschen bald weitgehend von intelligenten Maschinen ausgeführt werden, was dabei nicht nur den Bereich der manuellen Fertigung, sondern ebenso Angestellte und den Dienstleistungssektor einschließt. Ausgehend von einem Verständnis und Bewusstsein darüber, dass es dem Menschen in solchen wiederkehrenden Aufgaben nicht möglich sein wird, einen Wettbewerbsvorteil gegenüber Maschinen einzunehmen, ist es für den Erfolg in einem zunehmend mechanisierten Umfeld bedeutsam, dass Arbeitnehmende und Talente der Zukunft Fähigkeiten der Einsicht, Kreativität und Anpassungsfähigkeit aufbauen und pflegen, welche nicht leicht zu automatisieren sind. (Fidler, 2016)

Toleranz

Toleranz ist „die aktive oder passive Duldung anderer Ansichten und Lebensweisen bzw. die absichtliche oder unbewusste Hinnahme von Entscheidungen und Handlungen, die nicht den eigenen entsprechen" (Schubert & Klein, 2021, S. 346). So ist sie durch das Vermögen gekennzeichnet, andere Meinungen, Wertungen und Orientierungen gelten lassen zu können (ebenda). Als wichtige Fähigkeit des zukünftigen Talents lässt sich Toleranz insbesondere auch vor dem Hintergrund der zunehmenden Zusammenarbeit über geographische und kulturelle Grenzen hinweg betrachten.
Gleichzeitig erfährt unter dem Aspekt der Toleranz im Hinblick auf die Ambiguität des heutigen Unternehmensumfeldes ebenso die Fähigkeit zum Aushalten von Widersprüchen eine zentrale Bedeutung. Diese wird mit dem Begriff der Ambiguitätstoleranz abgebildet, welche es beinhaltet, „Vieldeutigkeit und Unsicherheit zur Kenntnis [zu] nehmen und ertragen [zu] können" (Wirtz, 2017, S. 135 f.)

Resilienz als umfassendes Element

All die benannten Kompetenzen sind dabei im Zuge der Notwendigkeit zum Umgang mit den stetigen Veränderungen in der heutigen Arbeitswelt in einen Rahmen eingebettet, der durch die eigene Resilienz abgebildet wird. Eine besondere Bedeutung, die der Resilienz als grundlegende Fähigkeit zukünftiger Mitarbeitender zukommt, wird in einem Review des Institute for the Future in Zusammenarbeit mit der ACT Foundation und The Joyce Foundation gestützt. Nach dem dortigen Verständnis beschreibt Resilienz die Fähigkeit zur souveränen Überwindung von Rückschlägen, Herausforderungen und anderen Hindernissen, welche es sowohl auf individueller als auch auf organisationaler Ebene zu kultivieren gilt. Sie spiegelt sich in der positiven Reaktion auf sich stetig weiterentwickelnde Herausforderungen wider. Eine besondere Bedeutsamkeit der Resilienz wird hierbei vor dem Hintergrund der aktuellen Anforderungen an die Aneignung neuer Fähigkeiten, die Übernahme zusätzlicher Verantwortung sowie den effizienten Umgang mit begrenzten Ressourcen betrachtet. (Fidler, 2016)

Die Tanz-Analogie

Zur Veranschaulichung der im Modell der 8-Ts Seite 20 des zukünftigen Talents bestimmten wesentlichen Fähigkeiten sollen diese nachfolgend außerdem in einer Tanz-Analogie betrachtet werden. An erster Stelle ist auf die Notwendigkeit der Tanzenden zur stetigen Anpassung an den veränderten Rhythmus einer neuen Musik hinzuweisen, in der sich eine zentrale Anforderung an zukünftige Talente reflektiert, die gefordert sind, mit den schnelllebigen Veränderungen der heutigen Unternehmenswelt flexibel umgehen zu können. Darüber hinaus kann eine Choreografie stets nur im harmonischen Zusammenspiel aller Tanzenden gelingen und eine besondere Wirkung bei den Betrachtenden auslösen, so wie auch das Talent der Zukunft für individuellen und Team-Erfolg über besondere Teamfähigkeiten verfügen muss. Schließlich benötigen Tanzende auch ein gutes Körpergefühl und ein Gespür für das Zusammenspiel zwischen Musik und Bewegung. Dies lässt sich in Zusammenhang mit einer wichtigen Fähigkeit des zukünftigen Talents in der Selbstreflexion und – damit verknüpft – der Kenntnis über die eigenen Stärken und Schwächen sowie daraus resultierender Entwicklungspotenziale betrachten. Es muss zugleich ein Verständnis für seinen Beitrag im Gesamtgefüge besitzen und ein Bewusstsein dafür entwickeln, wie sich seine individuellen Ziele in Einklang mit denen des Unternehmens bringen lassen. Genauso ist es für Tanzende wichtig, bei der Ausführung einer Bewegung neben einer tiefen Konzentration auf diese stets auch die nachfolgenden Schritte mitzudenken, um fließende Übergänge zu gestalten. Es ist bedeutsam, die einzelnen Bewegungen als zusammengreifende Elemente in der Choreografie wahrzunehmen. So lässt sich damit der Bezug zu einer wichtigen Fähigkeit des zukünftigen Talents in einem ganzheitlichen und transdisziplinären Denken herstellen. Nicht zuletzt erfordert die Zusammenstellung einzelner Bewegungen in einer neuen Choreografie eine gewisse Kreativität, um darin ebenso Gedanken und Ideen zu neuen Schrittmustern einfließen zu lassen und nicht immer wieder ähnliche Bewegungen zu kombinieren. Auch für das Talent der Zukunft ist dahingehend eine wichtige Fähigkeit dadurch bestimmt, neue Gedanken und Ideen außerhalb der etablierten klassischen Denkmuster zu entwickeln und über neue, kreative Wege der Problemlösung nachzudenken. Abschließend gilt es für Tanzende, die Bewegungen zum Ausdruck ihrer Persönlichkeit werden zu lassen sowie ihnen Lebendigkeit und Eleganz zu verleihen. Ein solcher Aspekt kann ebenso für zukünftige Talente als bedeutsam betrachtet werden, indem diese in der Wahrnehmung ihrer Aufgaben Möglichkeiten erkennen, um sich selbst verwirklichen zu können.

Kapitel 3.4
Rolle der Führung im Talentengagement

In Verknüpfung mit der zuvor betrachteten Selbstverantwortung des Mitarbeitenden für die eigene Entwicklung bringt es schließlich auch eine Veränderung für die Rolle der Führungskraft mit sich, die sich zur Unterstützung der (eigenverantwortlichen) Zielerreichung der Mitarbeitenden in einer neuen Rolle als Coach, Mediator, Berater sowie auch Motivator wiederfindet (Piéch, 2020; Winkler, König & Heß, 2022). Dies beschreibt das Bild einer Führungskraft, wie es zugleich den Kern eines transformationalen Führungsverständnisses – gekennzeichnet durch die vier Elemente der Intellektuellen Stimulierung, der Idealisierten Einflussnahme, der Inspirierenden Motivation und der Individuellen Berücksichtigung – bildet.
Eine wichtige Kompetenz in der Führung von Menschen ist das Zuhören, Moderieren und Zusammenbringen (CMO.com, 2018). Ebenso gilt es, Flexibilität und Offenheit zu zeigen und eine Affinität für neue, smarte Tools mitzubringen sowie den Mitarbeitenden mit dem Vorleben entsprechender Verhaltensweisen als positives Beispiel voranzugehen (ebenda). Nicht zuletzt ist es bedeutsam, ein eigenes Selbstverständnis und einen eigenen Stil zu entwickeln, um den Fortschritt des Teams zu unterstützen. In gleicher Weise bedarf es eines gewissen Mutes, um sich Herausforderungen zu stellen, die – als Folge der hohen Entwicklungsgeschwindigkeit und Komplexität im Zusammenhang mit der Digitalisierung – durch eine fehlende Rückgriffsmöglichkeit auf „fertiges Wissen" für das Finden neuer Lösungen gegeben sind (Piéch, 2020).

Strukturelles und psychologisches Empowerment

Solche wesentlichen Führungskompetenzen sind nach Piéch (2020) in einen Rahmen aus gegenseitigem Respekt, Wertschätzung, Achtung und Vertrauen eingebettet. Letzteres ist – ebenso im Verständnis der Verlässlichkeit und der Ansprechbarkeit der Führungskraft – insbesondere bedeutsam, um mit einem Gefühl der Unterstützung, dass die Mitarbei-

tenden auf diese Weise empfinden, dafür zu sorgen, dass sich strukturelles Empowerment tatsächlich auch in psychologischem Empowerment niederschlagen kann (Welpe et al., 2018).
Dieses ist durch die Wahrnehmung von Bedeutsamkeit, Kompetenz, Selbstbestimmung und Einfluss

bestimmt (Spreitzer, 2008). Es konzentriert sich – gegenüber einem Fokus des strukturellen Empowerments auf der Organisationsstruktur – auf das „individuelle Erleben eines Mitarbeiters" (Schermuly, 2015, S. 2) und die Untersuchung der „subjektive[n] Interpretation dieser Struktur[...]" (ebenda).

So kennzeichnet sich darin die entscheidende Rolle, die der Führungskraft in Bezug auf das Empowerment zukommt. Um diese erfolgreich auszufüllen zu können, zeigen Forschungsergebnisse hierbei die Bedeutung vier zentraler Verhaltensweisen auf (Ahearne, Mathieu & Rapp, 2005). An erster Stelle ist auf die **Beteiligung der Mitarbeitenden an Entscheidungsprozessen** hinzuweisen, da sie diejenigen sind, die die Entscheidungen letztlich auch mittragen müssen. Außerdem wird es ihnen so erlaubt, relevantes Wissen in Entscheidungsprozesse einzubringen und durch die Mitbestimmung eine höhere Motivation und mehr Kontrolle zu empfinden. Darüber hinaus bezieht sich ein zweiter zentraler Baustein darauf, **Autonomie zu gewähren** und **Bürokratien abzubauen**. So beschreibt dieses Element die Notwendigkeit dessen, als Führungskraft – über die

Beteiligung der Mitarbeitenden an Entscheidungen hinaus – dafür Sorge zu tragen, dass diese ihre Arbeit autonom und eigenverantwortlich erledigen können, was mit dem Abbau von Bürokratie und der Vereinfachung von Entscheidungsprozessen einhergeht. Damit sich eine solche Autonomie schließlich auch in positiven Auswirkungen auf die Leistung niederschlagen kann, ist es bedeutsam, Mitarbeitende auch in die Verantwortung für Ergebnisse und Resultate einzubeziehen. Weiterhin ist es als Führungskraft wichtig, durch den **Ausdruck von Zuversicht in die Kompetenzen der Mitarbeitenden** zu einem Gefühl psychologischen Empowerments beizutragen. Neben einer ermutigenden Kommunikation geschieht dies in gleicher Weise durch einen konstruktiven Umgang mit Fehlern, welcher davon geprägt ist, dass Führungskräfte „gemeinsam mit ihren Mitarbeitenden aus Fehlern lernen und ihnen auch weiterhin

Vertrauen schenken." (Welpe et al., 2018, S. 112). Abschließend kann die Führungskraft einen wichtigen Beitrag zum Empowerment der Mitarbeitenden leisten, indem sie die Sinnhaftigkeit der Arbeit unterstreicht und die Mitarbeitenden dabei unterstützt, einen solchen Sinn in ihrer Tätigkeit zu erkennen. Im Zuge dessen ist es bedeutsam, den Mitarbeitenden die Verknüpfung ihrer eigenen Aufgaben und Ziele mit denen des Unternehmens aufzuzeigen und ihnen die Bedeutung ihrer eigenen Arbeit zu verdeutlichen. (Welpe et al., 2018)

Das nachfolgende Zitat soll wesentliche Fähigkeiten der Führungskraft im Kontext eines innovativen Talentmanagements noch einmal pointiert zusammenfassen:

»HR und die Führungskräfte sind Wegweiser und zeigen Möglichkeiten der Entwicklung. Sie übersetzen die Bedarfe der Organisation für die Einzelnen und stellen sicher, dass die Rahmenbedingungen stimmen, damit die Talente motiviert und engagiert bleiben.«
(Delahaye et al., 2018, S. 22).

Auch wenn dies fast selbstverständlich klingen mag, liegt ein hohe Bedeutsamkeit dabei in der Bereitschaft, als Führungskraft Zeit und Energie in die Entwicklung von Talenten zu investieren. Die Kienbaum Talent-Management Studie 2018 „Trust in Talent" belegt hierzu einen positiven Zusammenhang zwischen einer intensiven Auseinandersetzung mit Talentmanagement und der Zufriedenheit der Talente (ebenda). So berichtet die Kienbaum-Talentmanagement-Studie 2020 „Engaging Talent – Potenzialträger binden und entwickeln" von dem konkreten Beispiel eines Familienunternehmens, in dem sich der Geschäftsführer jede Woche 2 Stunden Zeit für Einzelgespräche mit Potenzialträgern nehme, um mit der Durchführung solcher Gespräche einen Eindruck davon zu bekommen, was Talente bewegt, Talenten eine starke Stimme zu geben und nicht zuletzt einen Raum für neue Perspektiven zu schaffen (Fastenroth et al., 2020).

Teil 4
Mit dem Shared-Partnership-Ansatz zum Talentengagement

„In reality, skill development and growth as a means for enhanced performance and career advancement result from the synthesis of organization and individual characteristics and investments [...]." (Dachner et al., 2019)

Ausgehend von diesem Zitat soll hinsichtlich der gemeinsamen Verantwortung für die Talentwicklung im Verständnis des Talentengagements der Shared-Partnership-Ansatz genauer betrachtet werden. Mit diesem richtet sich der Blick auf eine bedeutende Rolle, die dort sowohl dem Mitarbeiter als auch der Organisation bei der Entwicklung der zuvor betrachteten Future Skills zu Teil wird. Wesentlich dafür ist die Anerkennung dessen, dass die alleinige Verantwortung der Mitarbeitenden für ihre Entwicklung risikobehaftet ist. (ebenda)

Vor diesem Hintergrund lassen sich für eine genauere Betrachtung einer solchen Partnerschaft drei Dimensionen abgrenzen, die wir ausgehend von der nachstehenden Abbildung im Folgenden detailliert in den Blick nehmen:

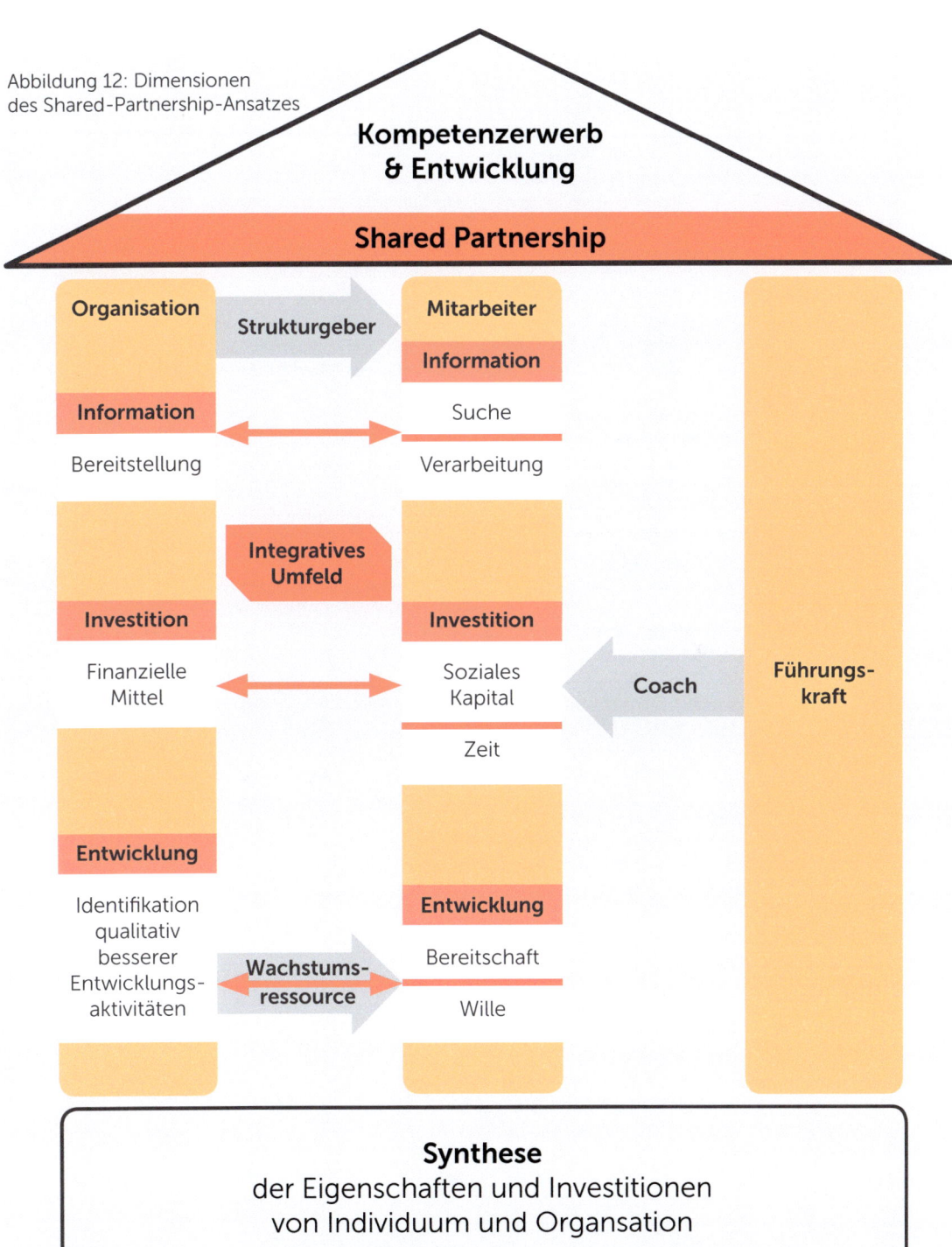

Abbildung 12: Dimensionen des Shared-Partnership-Ansatzes

Kompetenzerwerb & Entwicklung

Shared Partnership

Organisation — Strukturgeber → Mitarbeiter

Information

Information
Suche
Bereitstellung
Verarbeitung

Integratives Umfeld

Investition
Investition
Finanzielle Mittel
Soziales Kapital
Zeit

Coach ← Führungs-kraft

Entwicklung

Identifikation qualitativ besserer Entwicklungs-aktivitäten — Wachstums-ressource →

Entwicklung
Bereitschaft
Wille

Synthese
der Eigenschaften und Investitionen
von Individuum und Organsation

Eine erste Dimension hierbei ist die Information. Bezogen auf diese kommt der Organisation, welche als eine der drei tragenden Säulen auf der linken Seite des Schaubilds dargestellt ist, eine bedeutsame Aufgabe in der Bereitstellung der Informationen und dem Teilen von unternehmensinternen Informationen über beispielsweise zu erwartende Änderungen in der Arbeitsgestaltung oder -struktur zu. Indessen liegt es daraufhin in der Verantwortung des Mitarbeitenden, die für ihn relevanten Informationen zu suchen und zu verarbeiten. Der Mitarbeitende bildet in seiner Eigenverantwortlichkeit für die eigene Entwicklung die bestimmende Säule im Zentrum der Abbildung. (ebenda)

Eine zweite Dimension lässt sich folgend im Hinblick auf eine geteilte Kostenlast in der Investition bestimmen. Hierbei ist die Investition der Organisation in der Übernahme der anfallenden finanziellen Kosten gekennzeichnet, während der Mitarbeitende Investitionen in Form von Zeit, sozialem Kapital und anderen persönlichen Ressourcen in diese Partnerschaft einbringt. (ebenda)

Bezugnehmend auf eine abschließende dritte Dimension der **Entwicklung** leistet dort die Organisation einen wesentlichen Beitrag als Partner bei der Identifikation qualitativ besserer Entwicklungsaktivitäten. Von Seiten des Mitarbeitenden erfordert es komplettierend dazu, eine entsprechende Bereitschaft und einen Willen zur Weiterentwicklung mitzubringen. So lässt sich mit ihrer Unterstützung bei der Diagnostizierung des jeweiligen Qualifikationsbedarfs und Identifikation geeigneter Angebote zur Deckung dieses Bedarfs eine wichtige Funktion der Organisation als Wachstumsressource für alle Mitarbeitenden bestimmen. Diese Beziehung stellt der die beiden Säulen verbindende Pfeil dar, ebenso wie eine bedeutende Funktion, die der Organisation in diesem Rahmen als Strukturgeber zukommt. (ebenda)

Ergänzend dazu wird eine wichtige Rolle der Führungskraft, die als dritte tragende Säule der gemeinsamen Talententwicklung auf der rechten Seite der Abbildung dargestellt ist, in einer Funktion als Coach sichtbar gemacht.

Das Fundament dieser von den drei Säulen Organisation, Mitarbeitender und Führungskraft gemeinsam

getragenen Verantwortung für die Talententwicklung bildet – in Rückbezug auf das zum Einstieg dieses Kapitel formulierte Zitat – eine Synthese der Eigenschaften und Investitionen von Individuum und Organisation.

Hierbei wird das übergeordnete Ziel des Kompetenzerwerbs und der Entwicklung in Form eines über den drei Säulen stehenden Daches symbolisiert. Zugleich wird in der Beziehung zwischen Organisation und Mitarbeitender eine gemeinsame Verantwortung für die Gestaltung eines integrativen Umfeldes als wichtiges Ziel verdeutlicht.
Die Rolle des Mitarbeitenden als Selbstentwickler im Verständnis des Shared-Partnership-Ansatzes wird darüber hinaus von vier wesentlichen Kompetenzen flankiert, die – verknüpft mit der eigenverantwortlichen Selbstentwicklung – bestimmend für ein lebenslanges Lernen am Arbeitsplatz sind. Diese vier bestimmenden Bausteine sind in der nachstehenden Abbildung, ausgehend vom „Lebenslangen Lernen am Arbeitsplatz" im Zentrum der Darstellung, als vier Quadranten zu erkennen, Wir werden sie im Folgenden detaillierter beschreiben (Winkler & Fink, 2022, S. 64 f.):

Abbildung 13: Elemente lebenslangen Lernens am Arbeitsplatz, Quelle: Winkler & Fink, 2022, S. 65

Lebenslanges Lernen ist in seiner Verzahnung mit einer eigenverantwortlichen Selbstentwicklung zunächst mit einer wichtigen Kompetenz im selbstständigen Lernen verknüpft, welches seine Bedeutung über die eigenständige Weiterentwicklung hinaus auch mit der Verantwortung für die Sicherung der eigenen Beschäftigungsfähigkeit erfährt (Lippe-Heinrich, 2019). Dieser Baustein wird mit dem rechten oberen Quadranten widergespiegelt. Damit einher geht eine bedeutsame Fähigkeit in der Reflexion – abgebildet im oberen linken Quadranten –, um aus dieser ein Bewusstsein für die eigenen Stärken und Entwicklungspotenziale zu entwickeln. Denn nur, wenn man sich selbst und seinen eigenen Wissensstand genau kennt, ist einem schließlich auch die Möglichkeit gegeben, um neue Fähigkeiten und Fertigkeiten, wie sie zuvor mit den Future Skills betrachtet wurden, entwickeln zu können oder bereits vorhandene Qualifikationen auszubauen. So kann ein entsprechender Wille zur Auseinandersetzung mit der eigenen Persönlichkeit als zentrale Voraussetzung betrachtet werden, damit eine solche Reflexion in einem eigenverantwortlichen Prozess geschieht (Lippe-Heinrich, 2019). Ebenso ist in diesem Zuge die aktive Suche nach externen Sichtweisen wichtig, um durch einen Abgleich der Selbst- und Fremdwahrnehmung eine Voraussetzung zur Aufdeckung möglicher „blinder Flecken" der Selbstwahrnehmung zu schaffen.

Ein möglicher Weg zum Erhalt einer Fremdeinschätzung ist durch die Suche nach Feedback im eigenen **Netzwerk** gegeben. Jene Netzwerke, ob persönlich, beruflich oder aus einem bestimmten Interesse heraus, können die Reflexion des eigenen Verhaltens, Wissens sowie von Schlüsselfähigkeiten unterstützen. Daraus erwachsen Möglichkeiten für den Erwerb neuen Wissens und das kollaborative Arbeiten am Aufbau neuer Kompetenzen. Netzwerken – als drittes bedeutsames Element im unteren linken Quadranten gekennzeichnet – fördert die Fähigkeit zur Vernetzung und Kooperationsfähigkeit, die ebenfalls als wichtige persönliche Kompetenzen für die Zukunft gelten (Fürst, 2019). Das lebenslange Lernen kann so intensiviert werden.

Ergänzung finden die drei zuvor betrachteten Bausteine Lebenslangen Lernens schließlich durch ein viertes bedeutsames Element in der Entwicklung von Future Skills (s. vorheriges Unterkapitel 3.1). Abgebildet im unteren rechten Quadranten, vervollständigen sie das Quadrat und verdeutlichen innerhalb dessen die Perspektive eines zukunftsorientierten Lernens.

Anknüpfend an die vorherige Betrachtung wesentlicher Dimensionen des Shared-Partnership- Ansatzes sollen zentrale Rollen und Aufgaben der drei Akteure Talent, Führungskraft und HR in ihrer gemeinsamen Verantwortung für die Talententwicklung schließlich auch noch einmal durch eine entsprechende Rollenverteilung, wie sie in der Kienbaum-Talentmanagement-Studie 2020 vorgenommen wird, sichtbar gemacht werden. Dies erfolgt ausgehend von der Darstellung der dort für jeden der drei Akteure bestimmten zentralen Funktion mit der nachfolgenden Abbildung:

- Schaffen einer Basis für Talent-Kultur

- Messung des Talentengagements und Identifikation dessen spezifischer Treiber

- Definition des Talentbegriffs einschließlich wichtiger Potentialkriterien

HR -

Befähiger der Organisation und Führungskräfte

- Reflexion eigener Stärken und Schwächen

- Ableitung von Entwicklungsmaßnahmen

- Äußerung der eigenen Erwartungen und Bedürfnisse bzgl. Entwicklung

- Einholen von Feedback

TALENT -

Hauptverantwortlichkeit für **eigene Entwicklung**

- Sichtbarkeit der Talente in der Organisation

- Vorleben der Talentkultur

- Aufzeigen der Entwicklungswege

- Orientierung

FÜHRUNGSKRAFT -

Hauptverantwortlichkeit für **Talent Engagement**

Abbildung 14: Rollenverantwortlichkeiten Talent, Führungskraft und HR, eigene Darstellung in Anlehnung an Fastenroth et al., 2020, S. 11

Orientiert am Kerngedanken des Talentengagements kommt dem Talent eine bestimmende Rolle für die eigene Entwicklung zu. Eine solche Rolle geht mit einer wichtigen Aufgabe in der Reflexion der eigenen Stärken und Entwicklungsfelder und Ableitung entsprechender Maßnahmen einher, ebenso wie sie mit der klaren Äußerung von Bedürfnissen und Erwartungen hinsichtlich der eigenen Entwicklung verknüpft ist. (Fastenroth et al., 2020)

Während das Talent die Hauptverantwortung für die eigene Entwicklung trägt, kommt die Hauptverantwortung für das Talentengagement als bestimmende Rolle der Führungskraft zu. In dieser Rolle besteht eine wesentliche Aufgabe der Führungskraft unter anderem darin, für Sichtbarkeit der Talente innerhalb der Organisation zu sorgen und durch das Vorleben der Talentkultur Orientierung zu schaffen sowie Entwicklungswege aufzuzeigen. (ebenda)

In der gemeinsamen Verantwortung für die Talententwicklung liegt die Rolle von HR abschließend in der „Befähigung der Organisation und ihrer Führungskräfte". Neben der wichtigen Aufgabe, eine Basis für Talent-Kultur zu schaffen, kommt HR ebenso die Verantwortung für die Messung des Talentengagements und der Identifikation dessen spezifischer Treiber zu. (ebenda)

Teil 5
Talentengagement in der Praxis

Aus einem tiefgehenden Verständnis heraus, dass es für den zukünftigen Erfolg des Unternehmens notwendig ist, über neue Ansätze der Führungskräfteentwicklung nachzudenken, wurde im Bereich Life Science unter der Leitung von Dr. Thomas Schweins in seiner Position als Senior Vice President (Life Science Business Area) gemeinsam mit den Mitarbeitenden das Konzept der Life Science Learning Journey entwickelt – ausgerichtet auf das Ziel der Stärkung der Eigenverantwortlichkeit für das persönliche Wachstum und der Entwicklung von Führungskompetenzen in einem Shared-Partnership-Ansatz. Wie im vorherigen 4. Kapitel beschrieben, fokussiert ein solcher Ansatz die gemeinsame Verantwortlichkeit von Organisation und Mitarbeitern für deren Entwicklung und persönliches Wachstum. Während die Organisation in dieser geteilten Verantwortung für die Sicherstellung entsprechender Rahmenbedingungen Sorge trägt sowie dafür, eine Kultur für Lernen und Entwicklung im Unternehmen herzustellen, ist der Mitarbeitende auf die Reflexion seiner Entwicklungsbedarfe fokussiert und übernimmt die Verantwortung für die eigene Entwicklung.

Dies kennzeichnet die Einzigartigkeit des Konzepts der **Life Science Learning Journey**, welches davon geprägt ist, dass Mitarbeitende selbst bestimmt über Inhalte und Umsetzung der Learning Journey mitentscheiden und diese auf ihre persönliche Entwicklung hin ausrichten.

Um nach den vorherigen Ausführungen zum theoretischen Verständnis des Shared-Partnership-Ansatzes schließlich auch einen besseren Einblick davon zu bekommen, wie sich dieses konkret als Ansatz zum Talentengagement gestalten lässt, soll nachfolgend das Unternehmensbeispiel der QIAGEN GmbH betrachtet werden.

Bei QIAGEN handelt es sich um ein global agierendes Unternehmen mit etwa 6.000 Mitarbeitenden, dessen Ziel in der Bereitstellung von Probenvorbereitungs- und Testtechnologien liegt, die seinen mehr als 500.000 Kunden auf der ganzen Welt den Gewinn wertvoller molekularer Erkenntnisse ermöglichen.

Ziel der Initiative.
Die Life Science Learning Journey hat das Ziel, die Eigenverantwortung für persönliches Wachstum und die Entwicklung von Führungskompetenzen in einem Shared-Partnership-Ansatz zu stärken und das globale Netzwerk innerhalb der Organisationseinheit zu stimulieren. Dabei liegt das Ziel darin, eine komplette Umsetzung Online zu ermöglichen, um der globalen Organisationsstruktur Rechnung zu tragen.

Inhalt und Themen werden von den Teilnehmern
und dem Senior Leadership Team in einem
kontinuierlichen Dialog festgelegt

Entwicklung eines starken Netzwerks in Life Science	Entwicklung von Ideen zu kritischen Themen / Projekten aus dem Bereich Life Science (Think Tanks)	Inspirierende Präsentationen von internen und externen Vortragenden (z.B. Strategie)	Stimulierung der individuellen Reflexion von Stärken und Entwicklungs- bereichen (z.B. Assessment & Coaching)

WIE:
Über virtuelle Meetings wird über 1 Jahr
eine Learning Journey gemeinsam gestaltet

Abbildung 15: Säulen des Pilotprojekts der Learning Journey

Vorgehen.

Die Initiative startete im Juni 2021 mit einer Pilot-gruppe von 45 Mitarbeitenden und Führungskräften aus dem Bereich Life Science. wurden Das Füh-rungsteam nominierte die Mitarbeitenden für das Pilotprojekt. Kommuniziert wurde jedoch von Beginn an, dass die Initiative nach den Piloterfahrungen weitergeführt werden würde.

Kick-off.

Im Rahmen zweier Online-Kick-Off-Workshops er-arbeiteten die Teilnehmer die Themen und Formate, die aus ihrer Perspektive für die globale Team- und Führungsentwicklung relevant sind und identifizier-ten Themen, zu denen sie selbst einen Beitrag leisten wollten. Basierend darauf wurden die Themen und Formate geclustert und das Konzept der Learning Journey entwickelt und im Anschluss wieder mit den Teilnehmern diskutiert.

Abbildung 16: Beispiel der Konzepterstellung für den Fokusbereich EMPOWERing MYSELF

EMPOWERing MYSELF

Januar	Februar			März
Web-Session	Web-Session	Web-Session	Web-Session	Web-Session
Resilience & Stress Management	**Careers @QIAGEN** Eample QIAGEN	**Careers @QIAGEN** Eample QIAGEN	**Careers @QIAGEN** Eample QIAGEN	**Networking & Influencing**
External Speaker	Internal Speaker	Internal Speaker	Internal Speaker	External Speaker

Training		Training		Training
Self-directed Development **How to drive and develop myself**		**How to influence and lead others laterally**	Online Modules	*Discussion & Exchange of Experiences*
External Trainer		External Trainer		*All*

Workshop	Workshop
Resilience & Stress Management Workshop	**Decision Dynamic Team Workshop WORKSHOP**
External Trainer	External Trainer

Decision Dynamic Peer Coaching →

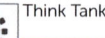 Think Tank

Think Tank (Kick-off durch Einladung):
„Topic of high strategic relevance for QIAGEN"

Umsetzung.

Eine inhaltliche Gliederung der Angebote ist durch eine Unterscheidung in vier Fokusbereiche gegeben: „STRATEGY & COMPETITION", „SCIENCE & INNOVATION", „EMPOWERing MYSELF" und „EMPOWERing OTHERS". Für jeden Fokusbereich wird basierend auf den von den Teilnehmern definierten Inhalten und Formaten ein Konzept erstellt, z.B. EMPOWERing MYSELF (s. Abbildung). Je nach Interesse und Bedarf buchen sich die Teilnehmer dann auf die angebotenen Sessions und Termine. Aufgrund der globalen Teamstruktur werden für alle Themen 2 Sessions angeboten.

Anhand der zuvor bestimmten Dimensionen der Shared-Partnership,

- ## Information,
- ## Investition und
- ## Entwicklung (s. Kapitel 4),

fassen wir im Folgenden wesentliche Elemente der Learning Journey noch einmal zusammen:

Information

Organisation:
Die bestimmende Aufgabe der Organisation in der Informationsbereitstellung spiegelt sich in dem Ansatz von QIAGEN im Angebot leicht in den Arbeitsalltag integrierbarer „Learning Nuggets" wider. Web-Livesessions, Workshops, Trainings sowie Think Tanks stellen Informationen auf breiter Basis in unterschiedlichen Formaten zur Verfügung. Überdies erfolgt die organisationale Informationsbereitstellung in Form inspirierender Präsentationen sowohl interner als auch externer Vortragender, die der Auseinandersetzung und Gewinnung von Einblicken in bedeutsame strategisch orientierte Themen dienen können. Nicht zuletzt wird mit dem Angebot regelmäßiger Netzwerktreffen eine wichtige Basis für die Vermittlung von Informationen im gegenseitigen Austausch über aktuelle Themen und relevante Fragestellungen geschaffen.

Mitarbeitende:
Die Mitarbeitenden finden sich in der Rolle wieder, aus diesem Angebot die für sie passenden Themen auszuwählen und sich je nach Bedarf und Interesse eigenverantwortlich für die angebotenen Termine und Sessions anzumelden. Darüber hinaus stehen sie in der Pflicht selbst spannende Angebote als Dozent anzubieten oder in ihrem Netzwerk geeignete Dozenten oder Austauschpartner zu finden.

Investition

Organisation:
Investitionen der Organisation bestehen beim Beispiel QIAGENS – hinsichtlich einer geteilten Kostenlast – in Form finanzieller Kosten, wie sie unter anderem für die Beschäftigung der externen Trainer und die Organisation der regelmäßigen Networking-Events sowie auch für die Bereitstellung einer entsprechenden technischen Infrastruktur anfallen.

Mitarbeitende:
Die Mitarbeitenden investieren ihrerseits, indem sie sich aktiv in die Gestaltung der Inhalte und die Konzeptentwicklung einbringen, ebenso wie durch ihre Beteiligung am Aufbau eines starken (Wissens-)Netzwerkes. Zugleich liegt eine wichtige Investition der Mitarbeitenden in der Zeit, die sie für die Teilnahme an verschiedenen Terminen und Sessions aufwenden. Nicht zuletzt stellen sie in Beziehungen, die von gegenseitigem Vertrauen geprägt sind und durch das Engagement in einem kontinuierlichen Dialog unterstützt werden, bedeutsame soziale Netzwerke zur Verfügung.

Entwicklung

Organisation:
Die wesentliche Funktion, die der Organisation in der vorherigen theoretischen Betrachtung des Shared-Partnership-Ansatzes durch ihre Unterstützung bei der Diagnostizierung des jeweiligen Qualifikationsbedarfs als Wachstumsressource für alle Mitarbeitenden zukommt, spiegelt sich im Konzept QIAGENS in der kontinuierlichen Begleitung der von den Mitarbeitenden getriebenen Gestaltung der Learning Journey durch das LS-Leadership-Team wider. Assessments oder auch Coachings fungieren in diesem Kontext als zwei bedeutsame Instrumente, um die Mitarbeitenden – als eine der vier tragenden Säulen des Konzepts – zur individuellen Reflexion ihrer eigenen Stärken und Entwicklungsbereiche zu stimulieren. Mit dem Einsatz von Think Tanks werden ebenso Anknüpfungspunkte für eine Weiterentwicklung auf fachlicher Ebene geschaffen. Dieses Instrument, welches der Gestaltung innovativer Ideen dient und als zweite wichtige Säule des Konzeptes die Ideengenerierung zu kritischen Themen/ Projekten aus dem Bereich der Life Science unterstützt, beschreibt „eine Zusammenkunft interdisziplinärer Teams aus Menschen, die zusammen neue Ideen und Fortschritte erdenken sollen" (Onpulson Wirtschaftslexikon, 2022).

Mitarbeitende:
Der Beitrag der Mitarbeitenden bezogen auf die Dimension der Entwicklung ist hierbei dadurch gekennzeichnet, die soeben beschriebene Unterstützung der Organisation bei der Diagnostizierung des eigenen Qualifikationsbedarfs und der Auswahl geeigneter Instrumente schließlich auch anzunehmen und daran ausgerichtet seine „Persönliche Entwicklungsreise" zu gestalten. Mitarbeitende sind hier in der Verantwortung, eine Bereitschaft und einen entsprechenden Willen zur Umsetzung der Impulse mitzubringen. Dabei kann es im spezifischen Ansatz QIAGENS gegebenenfalls auch den Mut beinhalten, sich bei der gemeinsamen Definition der Inhalte in einem kontinuierlichen Dialog der Teilnehmenden und dem Senior Leadership Team bewusst mit Themen, die sich an dem eigenen Entwicklungsbedarf orientieren, zu positionieren. Zugleich kann der Beitrag, den der Mitarbeitende in die eigenverantwortliche Entwicklung einbringt, darin bestimmt sein, Möglichkeiten des Unternehmens für eine Selbstnominierung wahrzunehmen.

Mit solchen spezifischen Kennzeichen der Learning Journey spiegeln sich darin schließlich wesentliche Aspekte wider, wie sie in der Kienbaum-Talentmanagement-Studie 2020 als bedeutsame Treiber des Engagements von Mitarbeitenden herausgestellt werden. Dazu zählt das Bedürfnis von Talenten, dass sie nicht bevormundet, sondern vielmehr befähigt werden wollen. Darüber hinaus werden dort Möglichkeiten zur Einflussnahme auf die Geschäftstätigkeit anstelle der Lösung von Aufgaben rein um der Beschäftigung willen als wichtiger Treiber des Engagements von Talenten betrachtet. Als dritten bedeutsamen Treiber benennt die Studie den Wunsch der Talente, „gemeinsam mit ihrem Umfeld wachsen [zu können], anstatt einfach nur bevorzugt zu werden" (Fastenroth et al., 2020, S. 3). (ebenda)

Um ausgehend von solchen Treibern das Engagement der Talente zu fördern, identifiziert die Studie zwölf zentrale Handlungsfelder darin, Fakten zum Level des Talentengagements zu schaffen, Talente mündig zu machen, Perspektiven zu bieten, Erwartungen zu managen, eine talentorientierte Führungskultur zu entwickeln, die Rolle von HR kritisch zu hinterfragen, Talenten Sichtbarkeit zu geben, Talente nicht in ihrer Rolle zu verhaften, Entwicklungswege breiter als Führung zu denken, Trockenübungen zu vermeiden, Netzwerke zu fördern und Bürokratie zu verbannen (ebenda).

Teil 6
Wie sieht die Zukunft des Talenten-gagements aus?

Ausgehend von den vorangegangenen Betrachtungen und der Notwendigkeit für ein Umdenken im klassischen Talentmanagement – wie sie nicht zuletzt mit den zuvor bestimmten Handlungsfeldern noch einmal pointiert aufgezeigt wurde –, soll ein detaillierter Blick darauf, wie dies zu einer Verschiebung wesentlicher Kernbereiche des Talentmanagements führt, abschließend einer zukunftsorientierten Perspektive dienen.

Merkmale einer entsprechenden Verlagerung sind hierbei durch eine Ergänzung klassischer Trainings durch ein selbstgesteuertes Lernen am Arbeitsplatz bestimmt. Überdies ist als wichtiger Aspekt die Erweiterung der Personalplanung zu einer „Agile Talent Allocation" zu benennen, ebenso wie dieser Wechsel mit sich bringt, dass vorgegebene Karrierepfade zugunsten individueller Entwicklungswege in den Hintergrund treten (HAUFE. TALENT, 2021).

Bei alldem macht eine solche Verschiebung der Kernbereiche des Talentmanagements sichtbar, wie dies gleichermaßen mit einer grundlegenden Entwicklung der Organisation verknüpft ist (ebenda).

Die Berücksichtigung der vier Bausteine, für die die Quadranten der nebenstehenden Abbildung stehen, kann als bedeutsam wahrgenommen werden, um durch ein Zusammendenken von Organisationsentwicklung und zukunftsorientiertem Talentengagement die Veränderungskraft von Mitarbeitenden als Treiber der notwendigen Transformationsprozesse nutzen zu können (ebenda).

Der nachfolgende Abschnitt soll die vier zentralen Elemente einer zukunftsorientierten Talententwicklung, „Digitale Talente", „Netzwerkbildung", „Team Engagement" und „Internationale Talententwicklung", detaillierter betrachten:

Digitale Talente

Nach der internationalen Arbeitsmarktstudie „Decoding Global Talent" handelt es sich bei digitalen Experten um „jene Mitarbeiter, die über Expertise in einem oder mehreren Feldern der Bereiche Künstliche Intelligenz (KI), Machine Learning, Datamining, Entwicklung mobiler Apps, Programmieren oder digitales Marketing verfügen" (Piéch, 2020, S. 5). Der besondere Stellenwert, der einer spezifischen Berücksichtigung dieser Gruppe im Rahmen einer zukunftsperspektivischen Betrachtung des Talentengagements zukommt, ist mit einer – als Folge des Einzugs der Digitalisierung – verstärkt einsetzenden Suche nach Fachkräften und Digitalwissen verknüpft (ebenda).

Talentmanagement als Prozess der Netzwerkbildung im Rahmen eines Social-Blended-Learning-Arrangements

Ausgehend vom Ziel des Talentengagements, selbstständig handelnde und entscheidende Mitarbeitende zu entwickeln, bestimmen Erpenbeck und Kollegen (2021, S. 292) als zwingende Voraussetzung des Talentmanagements, dass „die Anforderungen in der Praxis [an ein selbstorganisiertes und eigenverantwortliches Handeln] sich auch in der Lernkultur der Entwicklungsmaßnahmen für die Talente niederschlagen". Sie leiten daraus für das Talentmanagement einen Bedarf an Lernarrangements ab, die mit Werte- und Kompetenzzielen verknüpft und auf die Selbstorganisation des Lernenden gestützt sind. Solches selbstorganisiertes Lernen bildet dabei in ihrer Wahrnehmung die wesentliche Voraussetzung eines Verständnisses, in dem Talente als „Potenzial zur Entwicklung von Werten und Kompetenzen" (Erpenbeck et al., 2021, S. 293) begriffen werden.

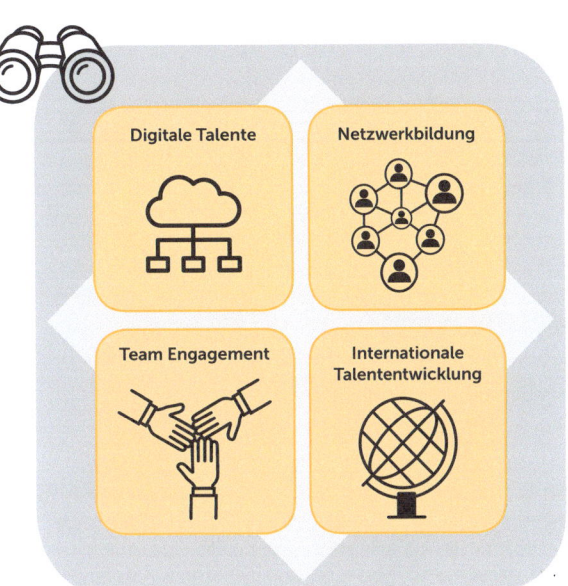

Abbildung 17: Zukunftsorientierung des Talentengagements

Social-Blended-Learning-Arrangements
Sie betonen vor diesem Hintergrund die spezifische Eignung sogenannter Social-Blended-Learning-Arrangements, in deren Rahmen Talentmanagement dadurch gekennzeichnet ist, dass es auf unternehmensinternen Praxisaufgaben oder -projekten aufbaut, die von den Teilnehmenden – eng abgestimmt mit der Führungskraft – selbstorganisiert gelöst werden. Dabei handelt es sich bei diesen Projekten um reale Aufgabenstellungen, deren Komplexität eine Notwendigkeit zur Zusammenarbeit mit Kollegen in einer längerfristigen Projektbearbeitung bedingt. So ergibt sich daraus eine zentrale Herausforderung in der Konzeption solcher Lernsysteme dahingehend, optimale Möglichkeiten für den selbstorganisierten Aufbau von Werten und Kompetenzen – flankiert durch den Lernbegleitenden – „in einem kollaborativen Prozess mit Lernpartnern (Netzwerk)" (ebenda) zu gestalten.

So beinhaltet eine solche Auffassung des Talentmanagements als „Prozess der Netzwerkbildung im Rahmen eines Social-Blended-Learning-Arrangements" (ebenda) gleichzeitig, dass dieses vollständig in den Arbeitsprozess integriert wird und dem Ablauf des Prozess des Onboardings folgt.

Ergebnisse der Kienbaum-Talentmanagement-Studie 2020 reflektieren mit den zuvor benannten zwölf Handlungsfeldern eine Bedeutung, wie sie der Förderung von Netzwerken insbesondere auch in einer zukunftsorientierten Perspektive zukommt. Dabei wird neben einem Stellenwert, wie er für die Vernetzung mit Top-Entscheidern in der Organisation betont wird, ebenso die Bedeutsamkeit entsprechender Möglichkeiten für eine Vernetzung außerhalb des Unternehmens herausgestellt. (Fastenroth et al., 2020)

Teamengagement

Vor dem Hintergrund der Bedeutung, wie sie hinsichtlich der Selbstentwicklung der Mitarbeitenden in einem Prozess der kollaborativen Lösung unternehmensinterner Projektaufgaben für die Zusammenarbeit mit anderen Kollegen und die Netzwerkbildung aufgezeigt wurde, soll im Folgenden eine genauere Auseinandersetzung mit einem zunehmenden Stellenwert des Teamengagements erfolgen. Dies ist als zukunftsorientierte und ergänzende Perspektive zu der vorherigen Betrachtung des Engagements auf individueller Ebene (vgl. Kapitel 3.4) bedeutsam, um damit einer zentralen Rolle, die Teams im digitalen Zeitalter einnehmen, Rechnung zu tragen (Welpe et al., 2018).

Eine wichtige Aufgabe der Führungskraft ist zudem, zur Förderung des Empowerments auf Teamebene, Vorschläge und Ideen des Teams einzuholen und diesem die Möglichkeit zur eigenverantwortlichen Bestimmung der Leistungsziele, Aufgabenaufteilungen und Zeitpläne einzuräumen. Damit sich ihr Team empowert fühlt, kann die Führungskraft überdies einen maßgeblichen Beitrag leisten, indem sie außerdem Verantwortung für Verbesserungsinitiativen und Weiterbildungsprogramme auf das Team überträgt und solche Aufgaben gestaltet, deren Bearbeitung von dem Team als motivierend und sinnhaft erlebt wird. (ebenda)

Nicht zuletzt liegt ein bedeutsamer Stellhebel für das Empowerment von Teams gleichermaßen darin, als wichtiges Instrument der Talentidentifikation auch die Leistungsbeurteilung anstelle einer auf den einzelnen Mitarbeitenden fokussierten Betrachtung auf

die Teamebene anzuheben (Welpe et al., 2018). Dies folgt einem Ansatz, wie er ebenso von McKinsey & Company geteilt wird, um im Zuge der Notwendigkeit zur Anpassung klassischer Methoden der Leistungsbeurteilung für mehr Agilität zu sorgen (Darino & Johnson, 2020).

Darino, Sieberer, Vos und Williams (2019) betonen, dass befähigte und autonome Teams eine zentrale Bedeutung für die Agilität einnehmen und erkennen daraus eine Notwendigkeit dessen, Leistung nicht ausschließlich – oder sogar primär – auf individueller Ebene steuern zu wollen. Vor diesem Hintergrund bestimmen sie ein wesentliches Merkmal erfolgreicher agiler Organisationen darin, dass sie Teams die Möglichkeit zur eigenverantwortlichen Definition ihrer Ziele einräumen und sich ebenso bei der Bewertung der Leistung auf die Teamleistung fokussieren.

Daraus ergeben sich vier Enabling-Praktiken als Treiber eines solchen teambasierten Ansatzes: Teamziele, Team-Beurteilungen, Teamentwicklung sowie Teambelohnungen und Anerkennung (Darino & Johnson, 2020).

Internationale Talententwicklung

Nicht zuletzt liegt die Zukunft des Talentengagements in der Betrachtung internationaler Talente. Die Notwendigkeit dafür ist dem demographischen Wandel und dem mit ihm einhergehenden Fachkräftemangel geschuldet. Kaum ein Unternehmen kann es sich mehr leisten, internationale Personalressourcen unberücksichtigt zu lassen. (Piéch, 2020)

Hierbei muss man die internationale Suche nach Talenten neben der bestehenden Notwendigkeit zugleich als Möglichkeit für die globale Aufstellung von Teams und die räumlich unabhängige Einbindung von Talenten begreifen und wahrnehmen. Solche Chancen stehen in Verbindung mit einer zunehmenden virtuellen und hybriden Zusammenarbeit.

In diesem Kapitel haben wir bedeutsame Bausteine für die Gestaltung einer zukunftsorientierten Talent Entwicklung aufgezeigt, welche als integriertes Element einer grundlegenden Organisationsentwicklung, Möglichkeiten eröffnet, um die Veränderungskraft von Mitarbeitenden als Treiber notwendiger Transformationsprozesse zu nutzen. Das abschließende Kapitel betrachtet folgend die Rollenveränderungen, die sich daraus ergeben.

Teil 7
Ausblick auf veränderte Rollen im Talentengagement

»So, if you are looking for HR and Talent systems that fit today's realities, you probably need to be rethinking traditional talent management to its core and also your organisations DNA.«
(Perring, 2020)

Vor dem Hintergrund dieses Zitats von Perring (2020), welches im Zuge des stetigen Wandels der heutigen Arbeitswelt und den sich daraus ergebenden vielfältigen neuen Anforderungen an Unternehmen die Notwendigkeit für ein Umdenken im klassischen Talentmanagement unterstreicht, zeigt die vorangegangene detaillierte Auseinandersetzung mit dem Ansatz des Talentengagements auf, wie ein solches Umdenken zu einer Veränderung im Verständnis der wesentlichen Treiber dieses Prozesses führt. Während im klassischen Talentmanagement HR als bestimmende Triebkraft fokussiert wird, rücken im Talentengagement der Mensch und die Organisation als Prozesstreiber in den Mittelpunkt.

Dabei bedingt diese Schwerpunktverschiebung zugleich veränderte Rollen, die die drei Akteure Führungskraft, HR und Mitarbeiter im Talentengagement einnehmen (Fastenroth et al., 2020):

Rolle von HR – Befähigung der Organisation und ihrer Führungskräfte

In diesem Kontext lässt sich die neue Rolle von HR in einem Verständnis als „Befähiger der Organisation und Führungskräfte" betrachten. Hierbei obliegt ihr die wichtige Aufgabe dessen, eine Basis für Talent-Kultur zu schaffen. Gleichzeitig kommt ihr die Aufgabe zu, unter Berücksichtigung quantitativer Be-

darfe den Begriff des Talents einschließlich relevanter Potenzialkriterien zu definieren. Sie trägt zudem die Verantwortung für die Messung des Talentengagements sowie die Identifikation spezifischer Treiber des Engagements. Überdies ist als weitere bedeutsame Aufgabe die zielgruppenspezifische Gestaltung von Instrumenten, Prozessen und Angeboten zu benennen. (ebenda)

Um diesem Anspruch gerecht werden zu können, erfordert es, Talente darin miteinzubeziehen und eine Vielfalt an Möglichkeiten zu schaffen, die es ihnen ermöglicht, aus diesen nach dem Pull-Prinzip die für sie passenden Optionen auswählen zu können (Dreilich, 2022).

Nicht zuletzt besteht eine wichtige Aufgabe von HR darin, Transparenz über Vakanzen und Projektbedarfe sowie über vorhandene Fähigkeiten herzustellen (Fastenroth et al., 2020).

Hierbei bedarf es zur erfolgreichen Bewältigung all dieser neuen Aufgaben einer Veränderung in der Grundhaltung – des Mindsets –, welche durch ein Verständnis der Arbeit der Personalentwicklung als kokreativer-Prozess gekennzeichnet ist. Vor diesem Hintergrund liegt eine hohe Bedeutung darauf, Personalentwicklung anstelle einer Expertenleistung heute vor allem als Gemeinschaftsleistung zu begreifen, in welcher die Mitarbeitenden ihre Weiterentwicklung eigenständig vorantreiben und verantworten und als Mitgestaltende des Systems wahrgenommen werden. (Dreilich, 2022)

Personalentwicklung muss dabei selbst agil und zu einem agilen Rollenvorbild werden. Sie muss sich ihrer wichtigen Rolle bewusst sein, die ihr mit den größten Einflussmöglichkeiten auf die unternehmerische (Lern-)Kultur als Ausgangspunkt und bei der Steuerung des Wandels zukommt. Dies erfordert von den Personalverantwortlichen nicht zuletzt einen hohen Mut und eine gewisse Risikobereitschaft, in gleicher Weise wie es die Notwendigkeit birgt, die eigenen Prozesse und Haltungen zu überdenken und konsequent in Frage zu stellen. (ebenda)

Rolle der Führungskraft – Hauptverantwortlich für Talentengagement

In enger Verzahnung mit und Ergänzung der Rolle von HR als Befähigende und Gestaltende der Basis für Talent-Kultur, liegt eine wichtige Verantwortung der Führungskraft in dem Vorleben dieser Talent-Kultur. So gilt es zugleich Orientierung zu schaffen und Talenten Entwicklungswege aufzuzeigen. Hierbei wird die eigenverantwortliche Entwicklung der Talente durch die Gestaltung realer Lernsituationen unterstützt, in welchen sie von der Führungskraft gefordert und gefördert werden. Ein solches Fördern und Fordern geht mit der Notwendigkeit für ein aktives Feedback und einer klaren Kommunikation der Erwartungen an die Talente einher. Nicht zuletzt ist eine zentrale der Aufgabe der Führungskraft darin gekennzeichnet, für Sichtbarkeit der Talente innerhalb der Organisation Sorge zu tragen. (Fastenroth et al., 2020)

Rolle der Mitarbeitenden – Hauptverantwortlich für die eigene Entwicklung

Abschließend ist die Rolle des Talents selbst durch seine Hauptverantwortlichkeit für die eigene (Weiter-)Entwicklung bestimmt. Eine solche Verantwortung erfordert es, die eigenen Stärken und Entwicklungsfelder zu reflektieren und daraus Maßnahmen

abzuleiten, die dazu beitragen, die (eigenständig) festgelegten Entwicklungsziele zu erreichen. Zugleich liegt ein Kennzeichen der selbstverantwortlichen Entwicklung darin, Bedürfnisse und Erwartungen bezüglich der eigenen Entwicklung klar zu kommunizieren, ebenso wie sie davon geprägt ist, dass Lern- und Entwicklungschancen von Talenten aktiv gesucht, erfragt und eingefordert werden. Eine solche aktive Rolle schließt dabei gleichermaßen das Einholen von Feedback bei Führungskräften oder Peers ein wie ein Mitwirken bei der Gestaltung der Entwicklungsangebote, wenn die Möglichkeit dafür gegeben ist. (ebenda)

In einem gelingenden Zusammenspiel von Mitarbeitenden, Führungskraft und HR, welches von der effektiven Wahrnehmung der jeweiligen Rollen geprägt ist, liegt der Grundstein dafür, dass Mitarbeitende eigenverantwortlich – mit der Unterstützung entsprechender organisationaler Rahmenbedingungen als Nährboden – zukunftsrelevante Kompetenzen entwickeln und ausbauen können und damit wiederum einen wichtigen Beitrag zur Sicherung der Wettbewerbsfähigkeit und dem Erfolg des gesamten Unternehmens in einer im stetigen Wandel begriffenen Unternehmensumwelt leisten.

So unterstreicht dies einmal mehr die Notwendigkeit, sich als Unternehmen mit neuen Ansätzen im Talentmanagement auseinanderzusetzen, um Anforderungen an eine hohe Agilität und Flexibilität entsprechen zu können. Solche Ansätze sind davon geprägt, dass sie den Menschen in den Mittelpunkt stellen und in ihrem Kern darauf ausgerichtet sind, Talente mündig zu machen.

Ahearne, Michael; Mathieu, John; Rapp, Adam (2005): To empower or not to empower your sales force? An empirical examination of the influence of leadership empowerment behavior on customer satisfaction and performance. In: The Journal of applied psychology 90 (5), S. 945–955. DOI: 10.1037/0021-9010.90.5.945.

Armutat, Sascha; Gärtner, Andreas; Nettlenbusch, Sandra; Piétsch, Sylke; Caroli, Tobias; Gotwald, Victor; Opp, Mathias (2015): SCHLÜSSELKOMPETENZ REFLEXIONSFÄHIGKEIT. Führungskräfteentwicklung der Zukunft. Hg. v. Deutsche Gesellschaft für Personalführung e.V. (DGFP). Online verfügbar unter https://www.dgfp.de/fileadmin/user_upload/DGFP_e.V/Medien/Publikationen/Praxispapiere/201501_Praxispapier_Fuehrungskraefteentwicklung.pdf, zuletzt geprüft am 13.06.2022.

Becker, Florian (2015): Psychologie der Mitarbeiterführung. Wiesbaden: Springer Fachmedien.

Becker, Florian (2016): Teamarbeit, Teampsychologie, Teamentwicklung. Berlin, Heidelberg: Springer.

Berger, Stefan; Weber, Falk; Buser, Anja (2021): Hybrid Work Compass: Navigating the future of how we work. Online verfügbar unter https://www.researchgate.net/publication/356840730_Hybrid_Work_Compass_Navigating_the_future_of_how_we_work/citation/download.

Botta, Christian (2020): Modernes Leistungsmanagement mit OKR. Springer Fachmedien Wiesbaden GmbH. Online verfügbar unter https://www.springerprofessional.de/fuehrungstools/mitarbeitermotivation/modernes-leistungsmanagement-mit-okr/17624084, zuletzt geprüft am 21. 06. 2022.

Cappelli, Peter; Tavis, Anna (2016): The Performance Management Revolution. In: Harvard Business Review, S. 58–67. Online verfügbar unter https://hbr.org/2016/10/the-performance-management-revolution.

CMO.com (2018): Digital Leadership: Welchen Führungsstil digitale Transformation wirklich braucht. ADOBE. Online verfügbar unter https://blog.adobe.com/de/publish/2018/08/04/digital-leadership-welchen-fuhrungsstil-digitale-transformation-wirklich-braucht, zuletzt geprüft am 14. 06. 2022.

Dachner, Alison M.; Ellingson, Jill E.; Noe, Raymond A.; Saxton, Brian M. (2019): The future of employee development. 2019 Faculty Bibliography. Online verfügbar unter https://collected.jcu.edu/fac_bib_2019/77/, zuletzt geprüft am 08.11.2022.

Darino, Lucia; Johnson, Christine (2020): From me to we: the next shift in performance management. McKinsey&Company. Online verfügbar unter https://www.mckinsey.com/business-functions/people-and-organizational-performance/our-insights/the-organization-blog/from-me-to-we-the-next-shift-in-performance-management, zuletzt geprüft am 22. 06. 2022.

Darino, Lucia; Sieberer, Marcus; Vos, Arthur; Williams, Owain (2019): Performance management in agile organizations. McKinsey&Company. Online verfügbar unter https://www.mckinsey.com/business-functions/people-and-organizational-performance/our-insights/performance-management-in-agile-organizations, zuletzt geprüft am 22. 06. 2022.

Delahaye, Sarah; Hübbe, Eberhard; Riener, Johannes (2018): Trust in Talent - Warum mitarbeiterorientierte Unternehmen erfolgreicher sind. Talent-Management Studie 2018. Hg. v. Kienbaum Consultants International GmbH. Online verfügbar unter https://www.forum-institut.de/de/media/files/Talent_Managment_Studie_2018_Kienbaum_Trust_in_Talent.pdf, zuletzt geprüft am 15. 06. 2022.

Dixon-Fyle, Sundiatu; Dolan, Kevin; Hunt, Vivian; Prince, Sara (2020): Diversity wins: How inclusion matters. McKinsey&Company. Online verfügbar unter https://www.mckinsey.com/featured-insights/diversity-and-inclusion/diversity-wins-how-inclusion-matters, zuletzt geprüft am 21. 06. 2022.

Dreilich, Gabriele (2022): Agile Personalentwicklung. Neues Lernen möglich machen. In: managerSeminare (288), S. 87–94. Online verfügbar unter https://www.managerseminare.de/ms_Artikel/Agile-Personalentwicklung-Neues-Lernen-moeglich-machen,282435, zuletzt geprüft am 30.04.2022.

Enaux, Claudius; Henrich, Fabian; Meifert, Matthias T. (2011): Strategisches Talent-Management: Talente systematisch finden, entwickeln und binden. Freiburg im Breisgau: Haufe.

Erpenbeck, John; Sauter, Werner; Sauter, Roman (2021): Future Learning und New Work. Das Praxisbuch für gezieltes Werte- und Kompetenzmanagement. 1. Auflage. Freiburg, München, Stuttgart: Haufe Group.

Fastenroth, Lukas M.; Hübbe, Eberhard; Quante, Lena; Rohmer, Dominique; Weber, Jessica (2020): Engaging Talent - Potenzialträger binden und entwickeln. Die Kienbaum Talent-Management-Studie 2020. Kienbaum Consultants International GmbH. Online verfügbar unter https://media.kienbaum.com/wp-content/uploads/sites/13/2020/12/Engaging-Talent_Talent-Management-Studie_2020.pdf, zuletzt geprüft am 16. 06. 2022.

Fastenroth, Lukas M.; Jochmann, Walter; Knappstein, Michael; Wandt, Kerstin (2021): Workforce Ambidexterity. Beschäftigungseffekte und Implikationen für die Workforce Transformation in der Automatisierungsära. Kienbaum Consultants International GmbH. Online verfügbar unter https://media.kienbaum.com/wp-content/uploads/sites/13/2021/05/Workforce_Ambidexterity_Studie.pdf, zuletzt geprüft am 17. 06. 2022.

Fidler, Devin (2016): FUTURE SKILLS. Update and Literature Review. Institute for the Future. Online verfügbar unter https://www.iftf.org/fileadmin/user_upload/downloads/wfi/ACTF_IFTF_FutureSkills-report.pdf.

Fürst, Ronny Alexander (2019): Gestaltung und Management der digitalen Transformation. Wiesbaden: Springer Fachmedien.

Gartside, David; Sloman, Colin; Simmons, Janice; M. Cantrell, Susan (2013): Trends Reshaping the Future of HR. Talent Management Meets the Science of Human Behavior. Accenture Institute for High Performance. Online verfügbar unter https://de.de1lib.org/book/3289492/1e1109, zuletzt geprüft am 27. 06. 2022.

Hartenfels, Thomas (2022): Mangel an digitalen Talenten in allen Fachbereichen. In: HR Journal, 2022. Online verfügbar unter https://www.hrjournal.de/mangel-an-digitalen-talenten/, zuletzt geprüft am 26. 06. 2022.

HAUFE.TALENT (2021): Talent Empowerment. Selbstwirksamkeit fördern - Organisationsentwicklung gestalten. Online verfügbar unter https://images.aktuell.haufe.com/Web/HaufeLexwareGmbHCoKG/%7B2fc687d9-8e61-40a4-a662-67cc58c5d-69b%7D_2021-11_-_Haufe_Talent_-_Talent_Empowerment.pdf?emos_sid=AYEouAMuZt6lyNPk7UxSeQ9T2uaouFv4&emos_vid=AYCyMX0zGwbGAQ9nyBd70tSNHnNtEHg0, zuletzt geprüft am 03. 06. 2022.

HAUFE.TALENT (2022): Mit OKR zu mehr Empowerment von Teams & Organisationen. Wie unterscheiden sich die Erfolgsbilanzen von Unternehmen mit und ohne OKR? Online verfügbar unter https://images.aktuell.haufe.com/Web/HaufeLexwareGmbHCoKG/%7Be1354ba1-ffc1-4bd6-8869-43bf2a-49b409%7D_HaufeTalent_OKR_Whitepaper_Studie.pdf?emos_sid=AYGFl0iAmGx1lsN29TXgIaatAebAdtgZ&emos_vid=AYFMxZgmDZU2ERdMP1z3*eDct8isw_f5, zuletzt geprüft am 21. 06. 2022.

Hehn, Svea von (2016): Systematisches Talent Management. Kompetenzen strategisch einsetzen. 2. überarbeitete Auflage. Stuttgart: Schäffer-Poeschel Verlag.

Herrmann, Katharina; Ritter, Jörg K.; Baier, Melanie; Sadowski, René (2020): BPM Berufsfeldstudie „People & Organization 2020". BPM – Bundesverband der Personalmanager. Online verfügbar unter https://www.dgfp.de/fileadmin/user_upload/DGFP_e.V/Medien/Publikationen/2020/DGFP_BFS-PeopleOrganization2020_PMK.pdf, zuletzt geprüft am 03. 06. 2022.

Herzog, Christoph (2020a): Potenzialanalyse Mitarbeiter - Ablauf und Nutzen. HAUFE.TALENT. Online verfügbar unter https://www.umantis.com/personalentwicklung/potenzialanalyse-mitarbeiter?akttyp=organische%20suche&med=google&aktnr=84834&wnr=04393672, zuletzt geprüft am 03. 06. 2022.

Herzog, Julia (2020b): Soft Skills sind keine Option – sie sind ein Muss. HAUFE.TALENT. Online verfügbar unter https://www.umantis.com/personalentwicklung/soft-skills-sind-keine-option-sie-sind-ein-muss?akttyp=organische%20suche&med=google&aktnr=84834&wnr=04393672, zuletzt geprüft am 03. 06. 2022.

Jánszky, Sven Gábor (2018): Arbeitswelten 2040 – Nehmen uns Computer die Arbeit weg? In: Harald R. Fortmann und Barbara Kolocek (Hg.): Arbeitswelt der Zukunft. Wiesbaden: Springer Fachmedien, S. 15-26.

Kels, Peter; Clerc, Isabelle; Artho, Simone (2015): Karrieremanagement in wissensbasierten Unternehmen. Wiesbaden: Springer Fachmedien.

Kirchherr, Julian; Klier, Julia; Lehmann-Brauns, Cornels; Winde, Mathias (2018): FUTURE SKILLS: WELCHE KOMPETENZEN IN DEUTSCHLAND FEHLEN. Hg. v. Stifterverband für die Deutsche Wissenschaft e.V. Online verfügbar unter https://www.future-skills.net/analysen/future-skills-welche-kompetenzen-in-deutschland-fehlen, zuletzt geprüft am 08. 06. 2022.

Kirchherr, Julian; Klier, Julia; Meyer-Guckel, Volker; Winde, Mathias (2021): FUTURE SKILLS: DIE ZUKUNFT DER QUALIFIZIERUNG IN UNTERNEHMEN NACH CORONA. Vom Krisenmodus zum Aufbau relevanter Future Skills. Hg. v. Stifterverband für die Deutsche Wissenschaft e.V. Online verfügbar unter https://www.stifterverband.org/medien/die-zukunft-der-qualifizierung-in-unternehmen-nach-corona#:~:text=Nach%20Einsch%C3%A4tzung%20der%20Unternehmen%20werden,M%C3%A4rz%20um%2075%20Prozent%20gestiegen., zuletzt geprüft am 16. 07. 2022.

Klier, Julia; Kirchherr, Julian; Suessenbach, Felix; Winde, Mathias (2021): TECH-SPEZIALISTEN GESUCHT! Bedarf an Personal mit technologischen Kompetenzen wächst. Hg. v. Stifterverband für die Deutsche Wissenschaft e.V. Online verfügbar unter https://www.stifterverband.org/medien/tech-spezialisten-gesucht, zuletzt geprüft am 16. 07. 2022.

Lippe-Heinrich, Angelika (2019): Personalentwicklung in der digitalisierten Arbeitswelt. Konzepte, Instrumente und betriebliche Ansätze. Wiesbaden, Germany: Springer Gabler (Lehrbuch).

Mair, Michael (2015a): Interaktiver Kompetenzatlas. FH Wien, Institut für Tourismus-Management. - Teamfähigkeit. Online verfügbar unter https://kompetenzatlas.fh-wien.ac.at/?page_id=536, zuletzt geprüft am 21. 07. 2022.

Mair, Michael (2015b): Interaktiver Kompetenzatlas. FH Wien, Institut für Tourismus-Management. -Tatkraft. Online verfügbar unter https://kompetenzatlas.fh-wien.ac.at/?page_id=359, zuletzt geprüft am 21. 07. 2022.

Me & Company (2022): Performance Management: 7+3 neue Ansätze für agile Führungskräfte. Online verfügbar unter https://www.me-company.de/wp-content/uploads/2022/09/MeCompany_E-Book_Performance-Management_Interaktiv.pdf?utm_source=M%26C+Newsletter+Contacts&utm_campaign=8239ef2943-EMAIL_MAILING_AGILE_COACH_GUIDE_COPY_01&utm_medium=email&utm_term=0_d0b82194b1-8239ef2943-452472672ment_Interaktiv.pdf (me-company.de), zuletzt geprüft am 04. 011.2022.

Meifert, Matthias T. (2013): Strategische Personalentwicklung. Wiesbaden: Springer Fachmedien.

Michaels, Ed; Axelrod, Beth; Handfield-Jones, Helen (2009): The war for talent. [Nachdr.]. Boston, Mass.: Harvard Business School Press.

Onpulson Wirtschaftslexikon (2022): Think Tank. Online verfügbar unter https://www.onpulson.de/lexikon/think-tank/, zuletzt geprüft am 21. 06. 2022.

Perring, David (2020): Rethinking Talent Management. Online verfügbar unter https://www.linkedin.com/pulse/rethinking-talent-management-david-perring-flpi/, zuletzt geprüft am 03. 06. 2022.

Personalwirtschaft (2022): Talent. Online verfügbar unter https://www.personalwirtschaft.de/themen/talent/, zuletzt geprüft am 21. 07. 2022.

Piéch, Sylke (2020): Internationale Talententwicklung in der digitalen Arbeitswelt. Wiesbaden: Springer Fachmedien.

Pritchard, Robert D.; Wright, Natalie E. (2020): How to avoid the 10 biggest problems in performance management. In: InPractice. Online verfügbar unter http://www.tbbc.dk/ckeditor_assets/attachments/1403/inpractice_2020_issue_14_2_pritchard_wright.pdf?1603534229, zuletzt geprüft am 21. 06. 2022.

PwC (2015): People strategy for the digital age: A new take on talent - 18th Annual Global CEO Survey. Online verfügbar unter https://www.pwc.com/gx/en/hr-management-services/publications/assets/people-strategy.pdf, zuletzt geprüft am 03. 07. 2022.

Ritz, Adrian; Sinelli, Peter (2011): Talent Management – Überblick und konzeptionelle Grundlagen. In: Adrian Ritz und Norbert Thom (Hg.): Talent Management. Wiesbaden: Gabler, S. 3–23.

Ritz, Adrian; Sinelli, Peter (2018): Talent Management – Überblick und konzeptionelle Grundlagen. In: Adrian Ritz und Norbert Thom (Hg.): Talent Management. Wiesbaden: Springer Fachmedien, S. 3–31.

Scholz, Christian; Stein, Volker; Bechtel, Roman (2011): Human capital management. Raus aus der Unverbindlichkeit! 3., aktualisierte Aufl. Köln: Luchterhand (Personalwirtschaft: Buch).

Schermuly, Carsten C. (2015): Empowerment: Die Mitarbeiter stärken und entwickeln. In: Rolf van Dick und Jörg Felfe (Hg.): Handbuch Mitarbeiterführung: Wirtschaftspsychologisches Praxiswissen für Fach- und Führungskräfte. Berlin, Heidelberg: Springer Berlin Heidelberg, S. 1-13.

Schubert, Klaus; Klein, Martina (2021): Das Politiklexikon. Begriffe, Fakten, Zusammenhänge. 8., vollständig überarbeitete und erweiterte Auflage. Bonn: Dietz.

Spreitzer, Gretchen (2008): Taking stock. A review of more than twenty years of research on empowerment at work. In: The SAGE handbook of organizational behavior. Vol. 1: Micro approaches. Los Angeles: SAGE.

Stangl, Werner (2022): Empathie. Online verfügbar unter https://lexikon.stangl.eu/1095/empathie, zuletzt geprüft am 22. 06. 2022.

Silzer, R., & Church, A. H. (2010). Identifying and assessing high-potential talent. Strategy-driven talent management: A leadership imperative, 28, 213-280.

Thom, Norbert; Nesemann, Kerstin (2011): Talententwicklung durch Trainee- Programme. In: Adrian Ritz und Norbert Thom (Hg.): Talent Management. Wiesbaden: Gabler, S. 25-38.

Vollrath, Vanessa (2018): Talent Management in Zeiten der Digitalisierung. In: Harald R. Fortmann und Barbara Kolocek (Hg.): Arbeitswelt der Zukunft. Wiesbaden: Springer Fachmedien, S. 167-191.

Walzer, Daniel; Thomas, Peter Martin; Fliegen, Ina (2019): Young Professionals: Gewinnen - Halten - Weiterentwickeln. In: Daniel Walzer (Hg.): Young Professionals gewinnen, halten, weiterentwickeln. Wiesbaden: Springer Fachmedien, S. 83-126.

Wenninger, Gerd (2000): Lexikon der Psychologie. Hg. v. Spektrum Akademischer Verlag. Heidelberg. Online verfügbar unter https://www.spektrum.de/lexikon/psychologie/potential/11731, zuletzt geprüft am 15. 06. 2022.

Williams, A. M.; Reilly, T. (2000): Talent identification and development in soccer. In: Journal of sports sciences 18 (9), S. 657-667. DOI: 10.1080/02640410050120041.

Winkler, Katrin; Bramwell, Nicola (2021): Connecting Confidence and Aptitude. How to Succeed as a Woman in Leadership: Linchpin Books.

Winkler, Katrin; Fink, Jasmin (2022): Personalentwicklung in der digitalisierten Arbeitswelt – Das individuelle, lebenslange Lernen im Mittelpunkt. In: Alexandra Cloots (Hg.): Hybride Arbeitsgestaltung. Wiesbaden: Springer Fachmedien, S. 61-85.

Winkler, Katrin; König, Svenja; Heß, Claudia (2022): Management und Führung hybrider Teams. Online verfügbar unter https://www.econstor.eu/handle/10419/251054, zuletzt geprüft am 23. 03. 2022.

Wirtz, Markus Antonius (Hg.) (2017): Dorsch - Lexikon der Psychologie. Unter Mitarbeit von Janina Strohmer. 18., überarbeitete Auflage. Bern: Hogrefe.

Wolter, Ute (2021): Gallup Engagement Index: Zwischen Bindungsgefühl und Abwandlungsgedanken. In: Personalwirtschaft, 2021. Online verfügbar unter https://www.personalwirtschaft.de/news/personalentwicklung/wie-steht-es-um-die-mitarbeiterbindung-in-der-pandemie-96969/, zuletzt geprüft am 26. 06. 2022.

Abbildungsverzeichnis

Tabellenverzeichnis